DOST SEVGİSİ

"Dostunu Kendin Gibi Sev"

Michael Laitman

ISBN: 978-1-77228-079-1
© Laitman Kabbalah Publishers

YAZAR : **Kabalist Dr. Michael Laitman**
ÇEVİRİ: Laitman Kabbalah Publishers

www.kabala.info.tr

Kapak: Laitman Kabbalah Publishers
Basım Tarihi: 2023

İçindekiler

Grubun Amaci	4
Karşilikli Sorumluluk	6
Dost Sevgisi	7
Dostlarin Toplantisina Hazirlık	48

Dost Sevgisi

Michael Laitman

DOST SEVGİSİ
GRUBUN AMACI

Burada, Baal HaSulam'ın yolunu ve metodunu takip etmek isteyen herkes, bir grup olmak için bir araya geldik ki, hayvan olarak kalmayalım ve insan denilen varlığın derecelerinde yükselelim.

Rabaş'ın Yazıları, 1. Bölüm, "Topluluğun Amacı"

Birkaç adam, insan kapasitesinin üzerinde, cesur bir ruhla; bir yerde, bir liderin yol göstericiliğinde, kendilerine karşı olanların karşısında kararlı bir şekilde durarak bir araya geldiler. Tabii ki onlar büyük cesaretin ve ekip ruhunun adamlarıdır ve kararlılıkları geriye en ufak adım atmamak ve kımıldamamak için yeteri kadar kuvvetlidir. Onlar kötü eğilimlerine karşı kanlarının son damlasına kadar savaşan ilk sıradaki savaşçılardır. Amaçları sadece Yaradan'ın onuru için savaşı kazanmaktır.

Rabaş'ın Yazıları, 2. Bölüm, 8. Mektup

İşte bu yüzden burada bir araya geldik: Her birimizin Yaradan'a ihsan etme ruhunu takip ettiği bir topluluk

Michael Laitman

Dost Sevgisi

meydana getirmek ve Yaradan'a ihsan etmeyi başarabilmek için. Yaradan'a ihsan edebilmemiz için önce insana ihsan etme ile başlamamız gerekir ve bu "insan sevgisi" olarak adlandırılır.

Başkalarının sevgisi ancak kişinin kendisini feshetmesi ile olabilir. Bu yüzden, bir yandan, her kişi alçakgönüllülüğü hissetmeli, diğer yandan da Yaradan'ın bize her birimizin tek bir amacının olduğu bir topluluk içinde olma şansını vermesinden dolayı gururlu olmalıdır. Bu amaç: Aramızda Tanrısal'lığın (ihsan etme niteliğinin) var olmasıdır.

Rabaş'ın Yazıları, 1. Bölüm, "Topluluğun Amacı"

Dost Sevgisi

Michael Laitman

ARVUT
KARŞILIKLI SORUMLULUK

Bu durum, herkesin birbiri için sorumlu hale geldiği koşuldur. Arvut (Sorumluluk), Işık, tüm dostlar arasında her birinin "Dostunu Kendin Gibi Sev" kelimeleriyle tam anlamıyla, diğerlerini sevme emriyle, kendisi hemfikir olana kadar edinilmemişti. (2. ve 3. paragraflarda açıklandığı gibi).

Bu demektir ki, gruptaki her kişi, diğerlerinin tüm ihtiyaçlarını, kendi ihtiyaçlarını karşılamak için ne kadar çalışıyorsa, en az o kadar çalışarak karşılamayı üstlenmelidir.

Ve tüm topluluk oybirliğiyle hemfikir olup "Yapacağız ve Duyacağız" dediğinde, herkes topluluktaki herkesin, bir diğer üyesinden hiçbir şeyi eksik olmayacağına dair sorumlu hale geldi. Ancak bu koşulu kabul edip üstlendikten sonra Yaradan'ın ifşasına layık oldular.

Bu ortak sorumluluk ile halkın her üyesi, kendi vücudunun ihtiyaçları için endişe etmekten kurtulup, "Dostunu Kendin Gibi Sev" emrini tam anlamıyla tutabildi. Böylelikle kendisi için her şeyi sağlamaya hazır olarak bekleyen, altı yüz bin sadık seven dostu ile sarılı olduğundan emin olduğu için, kendi vücudunun mevcudiyeti ile artık ilgilenmeyerek tüm sahip olduklarını ihtiyacı olanlara verebildiler.

Michael Laitman

Bnei Baruch Eğitim ve Araştırma Enstitüsü

Dost Sevgisi

DOST SEVGİSİ

Bu yüzden her şeyin üzerinde olmak kaydıyla, size dost sevgisinin ilgi ve önemini hatırlatıyorum. Varlığımız ve yaklaşan başarımızın ölçüsü buna bağlıdır. Bu yüzden, tüm hayali aktivitelerden uzaklaşın ve kalplerinizi, düşüncelerinizi, sadece gerçek anlamıyla kalplerinizi sevgiyle bir birine bağlayacak şeyler keşfedip aramaya adayın ve sonrasında tam anlamıyla "İnsan Sevgisi" koşulunu kavrayacaksınız.

Baal HaSulam'ın Yazıları, 57. Madde

Kabalistler bunu basitçe açıklarlar: Bir grubunuz var ve bu gruba doğru kendinizi ihsan eden bir kişi olarak inşa etmeniz gerekmektedir. Manevi gelişimlerinin tümü sadece size bağlıdır. Birbirlerine olan bağlantıları, hepinizin aynı gemide, tek bir kapta olma koşuluna gelmeniz tamamen size bağlıdır. Onlardan herhangi birinin başarısızlığı, bir başkasından değil ama sizin onlara olan ilginizin seviyesinden kaynaklı olacaktır.

Dr. Laitman, Günlük Kabala Dersine Hazırlık

Dost Sevgisi

Michael Laitman

Kişi, kendi kendini zindandan çıkartamaz. Bu yüzden kişi gruptan güç almalıdır ve kişinin çok çalışmaktan ve Işığın ifşasından başka bir düşüncesi olmamalıdır. Bu nedenle, kişi, kendisi için iyi bir çevre seçerse, o kişinin çevresine çekimi olduğundan kişi zamandan ve harcayacağı çabadan tasarruf eder.

Baal HaSulam'ın Yazıları, Makale "Kendinin Yükselmesi"

Seçim, sadece doğru ihtiyacı, Yaradan'ın bizi ilk olarak yönlendirdiği aramızdaki parçalanmış bağlantıları tanımlamaktadır. Oraya bakın! Bu ihtiyacı, aramızdaki nefretin seviyesini, farklı bir şekilde bağlanmamız gerektiğinin kapsamını görüp ve akabinde aramızdaki esas nefret ortaya çıktığında ve bunu aşamadığımızı ve aşmak da istemediğimizi gördükçe, o zaman karşılıklı nefretin niteliğimiz olduğu açıkça ortaya çıkacaktır. Biz, bu olayların üstesinden gelmek hariç her şeyi yapmaya razıyız; kişi başkalarıyla sevgi bağı kurmak dışında bu yolda her şeyi yapmaya razıdır. İçinde bulunduğumuz doğanın gerçeği bu ve manevi çalışmanın merkezi noktası da budur. Bu olayların sonunda keşfederiz ki, bu koşulların hepsi Yaradan'dandır ve O olmadan, diğerleri ile bağ kurmaya bile başlayamayız.

Dr. Laitman, Günlük Kabala Dersi

Michael Laitman

Dost Sevgisi

Bir kişinin maneviyat için herhangi bir isteği ve şiddetli arzusu yoksa ve kişi maneviyat için arzusu olan kişiler arasında ise ve bu kişileri severse, o da, kendi özelliği ile bu isteklere, şiddetli arzulara ve kazanmak için gücü olmasa bile, onların başarılı olmak için gücünü, arzularını ve emellerini alacaktır.

Hâlbuki bu kişilere vereceği önem ve nezakete göre, kişi yeni güçler alacaktır.

> Baal HaSulam'ın Yazıları, Makale "Kötü ya da Adil Demedi"

Bundan dolayı, birbirinizi kendiniz gibi sevmeye başlamanız talimatımı veriyorum, arkadaşınızın acısını paylaşın ve arkadaşınızın mutluluğundan mümkün olduğu kadar çok neşelenin. Umarım, sözlerimi tam anlamıyla uygularsınız.

> Baal HaSulam'ın Yazıları,- Mektuplar, 39. Mektup

Kişinin gruba olan teslimiyetine göre, Üst'ün NHY (Netzah, Hod, Yesod)'unu (yeni bir seviye) keşfeder. Kendisini kontrol etmesinin başka bir yolu yoktur çünkü Üst'ü göremez. Maneviyat ile ilgilenirken, kişinin üstü diğeridir. Diğerinden, uyanışı, kuvveti, her şeyi alacaktır. Kişi bunu tüm Kli'den (kap – gruptan) alabilir, çünkü onun

Dost Sevgisi

Michael Laitman

parçasıdır ve bunu yavaşça keşfeder. İnsanoğlu Yaradan'la bağı ortaya çıkana kadar, Yaradan'ı tanımlayamaz. Bu bağlantı "Şehina'nın Işığı" (Yaradan'ın Işığı) olarak adlandırılır. Yaradan, Şehina'da, birleşmiş ruhların toplamında ifşa olur.

Dr. Laitman, Günlük Kabala Dersi

Herkes kendi milletine yardımcı olacaktır ve kimse kendine yardımcı olmaya muktedir değildir, hiç kimse! Sadece arkadaşlar yardımcı olabilir. Kişi, onlardan karşılıklı bağ (Arvut) hissini alırsa, onlar da ona talep etme durumunu sağlarlar, sonrasında bu kişi maneviyata ulaşacaktır. Onlar talep etmeyi sağlamazlarsa, o da maneviyata ulaşamayacaktır. Kişi ne yapabilir? Onlara ödeme mi yapmalı? Onlara hediye mi vermeli? Kişi bilemez, fakat her şey kalplerindeki arzuya bağlıdır ki, bu ondan gizlidir ve üzerinde kontrolü yoktur. Bu yüzden, her şey karşılıklı rızaya, işbirliğine, karşılıklı bağlantıya bağlıdır. Sadece bunlar meydana getirilebilecek şeylerdir. Meydan okumayı -içsel meydan okuma, karşılaştığımız en büyük meydan okuma - hayatımızı tehdit eden bir şey olarak hissetmeliyiz. Buna yeni ortaya çıkmış bir ciddi aile problemi olarak bakabiliriz - ki diğer her şey mukayesede yetersiz kalır.

Dr. Laitman, Günlük Kabala Dersi

Michael Laitman

Dost Sevgisi

Kardeşler için birlik içinde beraberce oturmak ne kadar iyi ve ne kadar hoştur. Bu kimseler birlikte oturdukça birbirlerinden ayrılamaz arkadaşlardır. İlk başta birbirini öldürmek isteyen savaştaki kişiler gibi görünürler, sonrasında kardeşçe sevgi durumuna geri dönerler. Yaradan, onlar hakkında ne der? "Kardeşler için birlik içinde beraberce oturmak ne kadar iyi ve ne kadar hoştur." Birlikte kelimesi Şehina'nın (Tanrısallığın) varlığının onlarla olduğunu belirtir. Hatta Yaradan onların konuşmalarını dinler ve onlarla mutlu olur, hoşuna gider. Ve siz, burada olan arkadaşlar, tıpkı eskiden sevgi durumunda olduğunuz gibi, şu andan itibaren beraber kalmalısınız, ta ki Yaradan size sevinç gösterip, barışı size çağırır ve erdeminiz ile dünyada barış olur. "Kardeşlerimin ve arkadaşlarımın uğruna, şimdi diyeceğim ki, Barış sizinle olsun."

Zohar Kitabı'na Sulam Yorumu, "Ölümden Sonra", 64-65

Sizin için emirler meydana getirdim, bu sayede gerilemeden, her bir duruma dayanabilesiniz diye, arkadaşlar arasında en eşsiz olanı bağlılıktır. Ve size garanti ederim ki, bu sevgi kudretlidir. Sizlere ihtiyacımız olan her iyi olanı hatırlatacağım ve ne olursa olsun gelin, eğer bunda değişmeden kalırsanız, kesin olarak manevi yükselişte kuvvetten kuvvete gideceksiniz.

Baal HaSulam'ın Yazıları – Mektuplar, 47. Mektup

Dost Sevgisi

Michael Laitman

İçinde gizli olan büyük güçten başka, bilmelisiniz ki, grupta yer alan her kişide birçok kutsallık kıvılcımı vardır. Ve kutsallık kıvılcımlarının hepsini tek bir yere topladığınızda, kardeşler olarak, sevgi ve arkadaşlık ile kesinlikle yüksek seviyede bir kutsallığınız olacaktır... Dostların Sevgisi.

Rabaş'ın Yazıları, "Kişi Her Zaman Evinin Direklerini Satmalıdır"

Gruba yapışmış olmak demek, kendini grubun amacına, bu sürece, görevine, mesajına, hissine ve sorumluluğun önemine ve karşılıklı bağlanmaya (Arvut) adamak demektir. Kişinin 3 günlük kongreden henüz geri geldiğini farz edelim ve bu üç günlük süre boyunca kendini grupta tamamen kaybettiğini hissettiği çeşitli anlar vardı; dışarıdan bakan bir gözlemci gibi değil, fakat tek bir birey olarak var olmadığı gibi hissettiği anlar. Sonrasında bu kişi anlar ki, bu durumda kalırsa, grup onu kendi kontrolü ya da farkındalığı olmadan ileri çekebilir. Bu yüzden, kişinin ihtiyaç duyduğu tek kontrol çeşidi, kendini iyilik için gruba sokacak, bu durumdan çıkmasını önleyecek bir yoldur. Bu, "Grubun içinde olmak" ile anlatılmak istenendir.

Dr. Laitman, Günlük Kabala Dersi

Michael Laitman

Dost Sevgisi

Her bir kişi topluma umut dolu olmayı, canlılık getirmeyi denemelidir ve topluma kuvvetli olmayı telkin etmelidir; bu sayede toplumun her bir üyesi kendine "Bu çalışmada şimdi taze bir başlangıç yapıyorum" diyebilecektir. Bu, topluma katılmadan önce, Yaradan'ın çalışma süreci hakkında hayal kırıklığına uğramıştı, şimdi, toplum ona canlılık ve umut dolu olmayı telkin etti, topluma doğru o güvenlik ve başarı için kuvvete erişti ve şimdi bütünlüğü edinebileceğini hissediyor, demektir. Tüm geçmiş düşüncelerine rağmen – ki yüksek dağ önünde duruyor ve onu fethedemiyordu – bunlar çok güçlü engellerdi, şimdi ise bunların tamamen önemsiz olduklarını hissediyor. Herkes cesaret ve yeniden canlanma durumlarını toplumda kurmaya çalıştığından dolayı o tüm bunları toplumun kuvvetinden aldı.

Rabaş'ın Yazıları, "Arkadaşların Bir Araya Gelmesinden Ne Talep Etmeliyiz?"

Ve Kralı'nı tüm kalbinle ve tüm kuvvetinle sevmelisin. Kişi arkadaşının ihtiyaçları için çalışırken, herkesin gözleri önündeki amaç bu olmalıdır. Bu, kişinin sadece Yaratıcı gibi olmak için çalışması ve zahmet çekmesi anlamına gelir ki, O söyledi ve onlar isteğini yaparlar.

Baal HaSulam'ın Yazıları "Barış"

Dost Sevgisi

Michael Laitman

Bir araya gelindiğinde hangi konuların tartışılması gerekir? Öncelikle, amaç herkese açık ve anlaşılır olmalıdır: Bu bir araya gelme, arkadaşların sevgisi ile sonuçlanmalıdır ki, arkadaşların her biri diğerini sevmek için uyanacaktır. Bu "diğerlerinin sevgisi" olarak adlandırılır. Ancak, bu, sonuçtur. Bu sevgili evladı doğurmak için, bu sevgiyi sağlayacak aksiyonlar alınmalıdır.

> Rabaş'ın Yazıları, "Arkadaşların Bir Araya Gelmesinden Ne Talep Etmeliyiz?"

Anlamalıyız ki, dostların sevgisi dışında, manevi çalışmalardaki tüm ilgimiz hayalidir. Bu ne demektir? Bu, bu tarz çabaların beklenen faydayı - manevi gelişim- sağlamayacağı demektir. Kişi çalışmada ve de birçok başka şeyde yüksekleri erişebilir ancak, tüm bunları arkadaşlara bağlanma niyeti ile birleştirmezse, kendisinde manevi Kli'yi (kabı) meydana getiremez. Zaman geçtikçe, dinlemezse, Kabalaya olan ilgisi "Hayali" olarak adlandırılır. Bu yüzden, Baal HaSulam tüm grubun ümitlerini, dostlar arasındaki birleşmeye bağlar.

> Dr. Laitman, Günlük Kabala Dersi

Michael Laitman  Dost Sevgisi

Toplumda (Grupta) çok dikkatli gözlem olmalıdır, uçarılık her şeyi yok ettiğinden dolayı aralarında uçarılığa izin verilmemelidir.

Rabaş'ın Yazıları, 1. Bölüm, "Toplumun Amacı"

Kişi arkadaşlarının kendinden daha yüksek bir dereceye ulaştıklarını gördüğünde, bu, her açıdan yükselişe neden olur.

Rabaş'ın Yazıları, "Mantık Üstü İnanç Hakkında"

Dost Sevgisi

Michael Laitman

Dostların sevgisini hissetmeye başladığımız zaman, neşe ve zevk aniden canlanır. Kural budur: Yeniliği deneyimlemekten keyif alırız. Gerçek şudur ki, arkadaşımın onu sevmesi onun için yenidir; her zaman için bildiği sadece kendisiyle, kendi refahı ve yararıyla ilgilenirdi. Ancak, arkadaşının onunla ilgilendiğini keşfettiği an, benzersiz bir neşeyi harekete geçirir ve kişi kendini sadece zevkin varlığında gösterebildiğinden artık kendisi için endişe duyamaz. Artık arkadaşına ilgi göstermekten zevk duyduğundan dolayı, ister istemez artık onda kendini düşünmeye yer yoktur.

Rabaş'ın Yazıları, 2. Bölüm, 40. Mektup

Kişi diğerlerine bağlanırsa Tora (Islah Eden Işık) ışığını kendine çeker. Kişi neyi düzeltir? Egosunu ve diğerlerine olan nefretini düzeltir. Kişi Yaradan'a dair hiçbir şey keşfedemez. Yaradan hâlâ bu kişi için gizlidir. Kişi kendi üzerinde diğerleri ile ilgili olarak çalışmalıdır; "Diğerlerine olan sevgiden, Yaradan'a olan sevgiye." Bu şekilde işler. Eğer kişi Yaradan'a bağlanmak adına, diğerlerine bağlanmak için elinden gelen her şeyi yaparsa, kişi bunu yapamayacağını keşfeder. Kişi eğer doğru gruba sahipse ve gruptan amacın önemini alırsa, sonrasında yukarıdan kendisine görünmesi için bir kuvvet talep eder - ki Yaradan bizim aramızdaki bağlantıda ifşa olacaktır.

Michael Laitman

Dost Sevgisi

Yaradan'ın aramızdaki ifşası kini sevgiye dönüştürür, "Tanıklık" ya da "İfşa Olması" olarak adlandırılır.

Dr. Laitman, Günlük Kabala Dersi

Birbiri ile birleşik olmak için herkesin kendini diğerlerinden önce geçersiz kılması gereklidir. Bu herkesin arkadaşının hatalarını değil de, erdemlerini görmesiyle gerçekleştirilir. Fakat her kim kendisinin arkadaşlarından biraz yukarıda olduğunu düşünürse, onlara daha fazla bağlanamaz.

Rabaş'ın Yazıları, 1. Bölüm, "Toplumun Amacı"

Kişinin "Dostunu Sev" kuralındaki kuvvetini arttırabilmek için tavsiye; dostların sevgisidir. Herkes kendini arkadaşından önce geçersiz kılar ve kendini ona katarsa, diğerlerinin sevgisini isteyen tüm küçük parçalar, birçok parçadan oluşan kolektif kuvvette birleşirler ve tek bir parça haline gelirler.

Dost Sevgisi

Michael Laitman

Ve büyük bir kuvvete sahip olduğunda diğerlerinin sevgisini yerine getirebilir.

> Rabaş'ın Yazıları, "Dostunu Sev İle İlgili Açıklananlar"

Sizlerden isteyeceğim şey: Dost sevgisinde büyük çaba göstermek ve arkadaşlar arasında sevgiyi arttırmak için yeni yollar aramanız ve bulmanızdır. Bedensel tutkularımız aranızdaki nefretin sebebidir ve bu nefret aranızda hiç konuşulmamalıdır zira çalışmanızda zihninizde ve yaptıklarınızda aklınızda bulundurmanız gereken tek şey, Yaradan'a memnunluk vermek için ihsan etmektir. Akabinde aranızdaki nefreti örtecek merhamet büyük bir sevgiye dönüşecektir.

> Baal HaSulam'ın Yazıları, 11. Mektup

Diğerlerini sevmeyi başarma konusunda hemfikir olan birkaç kişinin bir araya gelmesiyle, biri diğerinden önce kendilerini geçersiz kıldıklarında, onların tümü iç içe geçmişlerdir.

Michael Laitman

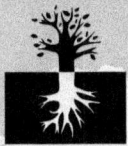

Dost Sevgisi

Bu yüzden, topluluğun büyüklüğüne göre herkeste büyük bir güç birikir ve sonrasında gerçek anlamda diğerlerini sevmeyi başarabilirler.

Rabaş'ın Yazıları, "Dostunu Sev İle İlgili Açıklananlar"

Bir araya geldiğimizde, herkes aklında tutmalıdır ki, kendi kendini sevmeyi iptal etme amacıyla buraya gelmiş durumdadır, bu demek oluyor ki kendi alma arzusunu doldurmayı düşünmek yerine, kişi mümkün olduğu kadar çok diğerlerinin sevgisine yoğunlaşmalıdır. Bu gerekli arzuya sahip olabilmek ve verme arzusu denilen yeni özelliği alması için gereken tek yoldur. Dostların sevgisinden Yaradan'ın sevgisine ulaşabilir. Bu, şu demektir; Yaradan'a karşı memnuniyeti ve ihsan etmeyi arzuluyor. Bu yüzden, bu, ihtiyaca sahip olmanın, ihsan etmenin hayati ve zorunlu olduğunu anlamanın ve buna dostların sevgisi sayesinde sahip olunduğunu bilmenin tek yoludur.

Rabaş'ın Yazıları, 1. Bölüm, "Dostların Sevgisi"

Ruhsal maddeyi ıskaladığımızdan dolayı kitaplara yoğunlaşamayız ve neler yazılı olduğunu göremeyiz: Masah (perde), dostların arzularıyla birleşme ile inşa edilir, tıpkı ekrandaki pikseller gibi. Sonrasında manevi resmi açıkça

Dost Sevgisi

Michael Laitman

görebiliriz. Grup içinde arzuları göz önüne alabildiğimizde ve Yaradan tarafından onlara verilen arzularını birlikte birleştirebildiğimizde, sonrasında arzuların hangi safhada olduğundan önemsiz bu noktaları birleştiririz. Bunlar Kabalist Yossi Ben Kisma'nınkiler gibi küçük arzular dahi olabilirler. Bundan önemsiz olarak, Yaradan'ın verdiği ve birlikte birleştirdiği bu arzuları alırız. Bu arzular ile bağlanmak bizim için önemlidir. Sonrasında bu arka planda kitapta ne yazılı olduğunu hissedebiliriz.

Dr. Laitman, Günlük Kabala Dersi

Şöyle yazılıdır: "İnsanların çoğunluğu Kral'ın zaferidir." Kişi sayısı arttıkça, daha büyük bir kuvvet harekete geçer. Bu demektir ki, Yaratıcı'nın büyüklüğü ve önemi hakkında gittikçe artan güçlü bir atmosfer yaratırlar. Vücudunun her parçasında maneviyat adına uygulayacağı tüm aksiyonları hisseden, Yaratıcı'ya ihsan eden, Krala hizmet etmeye değer olanlarla birleşmeye yetkili olduğundan dolayı, paha biçilemezdir. Bu yüzden her cılız hareketi uyguladığında, zevk ve neşe ile dolar, artık Kral'a hizmet etmek için bir yolu vardır.

Rabaş'ın Yazıları, "Meclisin Ajandası"

Michael Laitman

Dost Sevgisi

Dostlar, asıl olarak Yaratıcı'nın büyüklüğü konusunu tartışmalıdırlar.

Rabaş'ın Yazıları, "Dostlar Meclisinden Ne Talep Etmeliyiz?"

Her bir dostta bir nokta vardır ve dostlar bir araya gelerek nefreti, sevgiyi ve farklı, çeşitli şeyleri keşfettiklerinde, gelişim gerçekleştirirler. Manevi basamaklardaki tüm tırmanış, bu noktaların bağlı olduğu kapsamı yansıtır. Noktalar arasında nefret ifşa olur, fakat çalışma sayesinde bizler daha büyük bir sevgi ifşa olacak şekilde hareket ederiz. Işık bir şekilde bizleri etkiler ve birleştirir. Yavaşça da olsa, birleşirsek, birlikte başarı kazanırız, tıpkı bir "Cenin" haline geliriz. Kimdir bu "Cenin"? O bizim bebeğimizdir, noktalarımızı birleştirmekten meydana getirdiğimiz şeydir.

Dr. Laitman, Günlük Kabala Dersi

Sevgi bizi saran bir şal gibi kıyafetlenince, sevginin kıvılcımları anında içimde pırıldamaya başlar. Kalbim dostlarımla birleşmeyi özler ve sanki gözlerim arkadaşlarımı görür, kulaklarım seslerini duyar, ağzım onlarla konuşur, ellerim sarılır ve ayaklarım onlarla sevgiyle ve neşeyle daireler yaparak dans eder ve fiziksel sınırlamalarımı aşarım.

Dost Sevgisi

Michael Laitman

Arkadaşlarımla aramdaki büyük uzaklığı unuturum ve kilometreler boyunca uzanmış mesafeler bizleri ayıramaz.

Sanki arkadaşlarım kalbimin içinde duruyorlardır ve orada olan her şeyi görüyorlar ve arkadaşlarıma karşı önemsiz davranışlarımdan dolayı utanırım. Sonra, fiziksel algılarımdan kolayca sıyrılırım ve dünyada arkadaşlarım ve benden başka bir gerçek olmadığını gözlerimle görürüm. Sonrasında "ben" bile iptal olur ve dostlarımın arasında erir ve karışır ve durup dünyada dostlardan başka hiç bir realitenin olmadığını ilan ederim.

Rabaş'ın Yazıları, 2. Bölüm, Mektup 8

Her bir kişi arkadaşına nasıl yardım edebileceği konusuna dikkat etmeli ve düşünmelidir, onun ruhunu yükseltmelidir, çünkü bir kişinin ruhu hakkında, herkes arkadaşında yerine getirebileceği bir ihtiyaç alanı bulabilir.

Rabaş'ın Yazıları, "Herkese Dostuna Yardım Etti"

Grup hakkındaki yazılarında, Rabaş, arkadaşlarımızı uyandırmamız gerektiğini yazar, böylece onlar da geri dönüş olarak bizleri uyandırabilirler. Buna rağmen, bundan önce anlamamız gerekir ki, bu olmadan bizler yok oluruz. Kişinin şunu hissetmeye ihtiyacı vardır: kişi sadece grup ile olan

Michael Laitman  Dost Sevgisi

bağlantıda kendini fark edebilir ve maneviyatı, ihsan etmeyi hissedebilir. Kişi kendini gruba getirmeli ve orada zahmet çekmelidir. Onlardan bunun önemli olduğunu duymaya ihtiyacı vardır. Grubun kırılma noktasını, neyi düzeltmesi gerektiğini ve bu düzeltmenin nerede bulunduğunu ona ifşa etmeleri gereklidir. Aksi takdirde kişi kırılmanın hiç olmadığı yerlerde bir şeyler yapabilir.

Dr. Laitman, Günlük Kabala Dersi

Gerçekten, hepinizi hissediyorum ki, içinizde, bugün yarın ile yer değiştirmiş durumda ve "şimdi" yerine "sonra" diyorsunuz. Bunun için bir tedavi yok ancak bu hatayı ve ters anlam vermeyi anlamak için çok çaba sarf edilmeli - ki sadece kurtuluşa bugün ihtiyacı olanlar Yaratıcı tarafından kurtarılırlar.

Ve yarın için bekleyebilecek olanlar kendi yıllarından sonra anlayışlarını elde edecekler, Allah korusun. Bu size, benim talebim olan dostların sevgisini göstermekteki ihmalkârlığımız yüzünden geldi, sizlere her müsait davranışta izah ettim ki, bu çare her eksikliğinizi tamamlamak için yeterlidir.

Baal HaSulam'ın Yazıları, 13. Mektup

Dost Sevgisi

Michael Laitman

Denmiştir ki, "İnsan sevgisinden, Yaradan sevgisine." Bu tam olarak kişilerin arasındaki bağlantıdadır ki böylelikle kişi Yaradan'ı keşfeder. Kişinin ödemelerini bir yere ödeyip bir başka yerden ödülünü alması gibi değildir. Diğer kişilerle bağlantı kurduğu bu yerde, ruhların aynı şebekesinde, kişi Islah Eden Işığı keşfeder; orada Yaradan'ı keşfeder. Kişi olarak daha fazla diğerleri ile bağlanır, keşfetmiş olduğu Işık ile bir yerden başka bir yere hareket eder. Yani, kişi diğerlerine olan bakış açısını değiştirir ve onlar arasındaki bağlantıyı keşfeder ve sonrasında Yaratıcı onlar arasında ifşa olur. İşte maneviyata bu şekilde ulaştım.

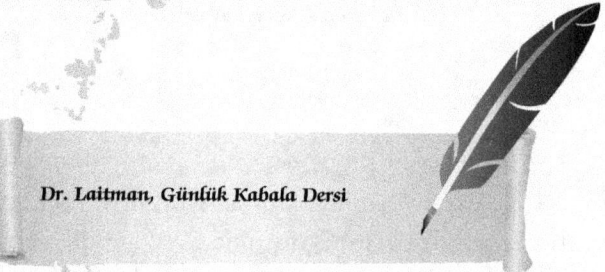

Dr. Laitman, Günlük Kabala Dersi

Bilgelerimiz demiştir ki, "Kendini bir Rav (Öğretici, Hoca) yap, kendine bir arkadaş satın al." Bu demektir ki, kişi kendisi için yeni bir çevre yapabilir. Bu çevre, ona Rav'ının büyüklüğünü elde etmek konusunda, Rav'ı takdir eden dostların sevgisi sayesinde yardımcı olacaktır. Rav'ın büyüklüğünü tartışan arkadaşları sayesinde, onların her biri Rav'ın büyüklüğünü hissetmeyi alacaklardır. Bu yüzden, bir kişinin Rav'ına ihsan etmek, kişiyi, Tora ve Mitzvot Lişma'ya (İhsan Eden Işık, Doğru İçsel Eylemler, Onun Adına) bağlanma için kabul ve yeterli arzu derecesi haline getirecektir. Bu konu hakkında dediler ki, "Tora, kırk sekiz erdemli arkadaşa hizmet etmek, arkadaşların titizliği sayesinde elde edildi." Bu, Rav'a hizmet etmenin ötesinde, kişinin arkadaşlarının titizliğine ihtiyacı olduğundandır,

Michael Laitman

Dost Sevgisi

aynı zamanda, arkadaşların etkisi, bu sayede onu Rav'ının büyüklüğünü elde etmek ile etkileyecekler. Bu da büyüklüğü elde etmenin tamamen çevreye bağlı olmasındandır ve bireysel olarak kişi herhangi tek bir şey bile yapamaz.

Baal HaSulam, "Zohar'ın Tamamlanması İçin Konuşma"

Kişi her zaman kendinde maneviyatı başarmanın önemini etkileyecek ve sağlayacak bir sistem ile yüz yüze geliyor, fakat bu, kişinin kendini sisteme sunmasının derecesine bağlıdır. Bu, kişinin özgür seçimidir ve kişi bunun farkına varamazsa ya da maneviyatın önemini gruptan içine alamazsa, o zaman gelişim kaydedemez. Kişi 100 yıl boyunca grupta büyük Şimon Bar Yohai ile oturabilir ve bu ona yardım etmeyecektir çünkü bu, onların büyüklüğüne bağlı değildir ancak sadece kendini onların ilhamlarını almak için açma derecesine bağlıdır. Soru şudur: Başını eğmeyi arzuluyor mu? Eğer öyleyse, bu derecede kişi onlardan etkilenebilir. Sadece bu derecede kişi "acıya karşı tatlı"dan, "gerçeğe karşı yalan"a hareket edebilir. Aksi takdirde, kişi aydınlanmanın doğru süreci içindeyse ancak tamamen duygusal yerine entelektüeldir.

Dost Sevgisi

Michael Laitman

Demektir ki, Kli'sinin (kabının) üzerine tırmanmamıştır, yani, arzumuzun üstesinden gelmemişizdir çünkü kabımız bizim duygumuzdur.

Dr. Laitman, Günlük Kabala Dersi

Sadece grup kişiye manevi resmi kaybetmemek, onunla kalmak, onun için araştırma yapmak, her zaman onu güçlendirmekte yardım edebilir. Kişi bu resmi her dakika güçlendirmezse resim kaybolur. Maneviyatta bizler hızı göz önüne almayız fakat ivmeyi göz önüne alırız. Bir başka deyişle, mevcut durumumuzda kalmak için çabamızı devamlı olarak arttırmamız gerekir. Bunun nedeni her zaman sürekli büyümekte olan egoya karşı çalışmamızdır. Bu yüzden durmadan maneviyata olan sürüşümüzü arttırmalıyız. Bunu başka bir yol ile gerçekleştiremeyiz ve aynı seviyede kalmak için bile devamlı olarak zahmet çekmeliyiz.

Dr. Laitman, Günlük Kabala Dersi

Bağlantıyı nasıl oluşturabiliriz? Aynı yere geldiğimizde, aynı dersi ve materyali çalıştığımızda, her zaman tek bir şey hakkında konuştuğumuzda, beraber şarkı söyleyip yemek yediğimizde, sonrasında bu şekilde dışsal durumlar oluştururuz ki, kişi yolu izlemeye başlar. Önemli olan şey,

Michael Laitman  Bnei Baruch Eğitim ve Araştırma Enstitüsü

Dost Sevgisi

bu Islah Eden Işığı çekeriz. Bu, aramızdaki bağlantıyı güçlendirdiğimiz anlamına gelmez, güçlendirmek Işığı davet etmekten gelir ve Işık bağlantıyı güçlendirir.

Bağlantı mevcuttur ancak uyumaktadır. Hepimiz aynı şebekede yer alırız fakat bunu hissedemeyiz; harekete geçirilmemiştir. Bunun çalışmasını ve olmasını istediğimizde, o zaman çabamıza göre, bu şebekeyi canlandırmak için Işığı çekeriz, tıpkı ölü bir vücudun tekrar hayata gelmesi gibi. Baal HaSulam'ın dediği gibi, "tıpkı rüyacılar" gibiydik. Uykudan ya da bilinçsizlikten kalkmaya başladığımız zaman, bu güçlü arzu aramızdaki bağlantıyı canlandırmak için Işığı davet eder.

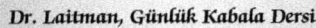

Dr. Laitman, Günlük Kabala Dersi

Diyebiliriz ki, her kim arkadaşını kandırdığını düşünüyorsa, gerçekten Yaradan'ı kandırıyordur, kişinin vücudunun ötesinde sadece Yaradan vardır. Bu yaratılışın özüdür - ki adam sadece kendine olan saygısı ile "Yaratılan" olarak çağrılır. Yaradan, adamın kendisinin ayrık gerçeklik olduğunu hissetmesini ister, bu yüzden arkadaşına yalan söylerken kişi Yaradan'a yalan söylüyordur, kişi arkadaşını üzerken Yaradan'ı üzüyordur.

Baal HaSulam'ın Yazıları, "Kötülükten Ayrılış"

Dost Sevgisi

Michael Laitman

Kişi topluma yapışmadığı sürece, toplumdan ihsan etmeyi almak mümkün değildir, bu demektir ki onları takdir ediyordur. Bu dereceye kadar onlardan etki alabilir. Kendi çabaları ile değil fakat sadece topluma yapışarak.

Rabaş'ın Yazıları, "İdol İşçilere Tora'yı Çalışma Yasağının Şiddetinin Özü"

Zohar'da şu şekilde yazılıdır: ilk olarak grubun üyeleri bir araya gelirler ve birbirlerinden nefret ederler; birbirlerini istemezler ve birlikte olmaktan bıkarlar. Bağlantılarının onları bir şeye getireceğine inanmazlar ve zaten bunu birçok kez denemişlerdir. Her tür hesaplaşmaları, çekişmeleri ve birbirlerine karşı şikâyetleri vardır. Tüm bunlara karşın, gelir ve beraber otururlar ve tüm bu kuvvetlerin, tüm bu arzuların, kinin, kıskançlığın, kibrin üzerinde bağlanmaya başlarlar. Hissettiklerinin bir nedeni olduğunu ve bunun Yaradan'dan geldiğini anlarlar. Sonrasında herkes kendi doğasının karşısına çalışmaya başlar ve ne mutlu ki egosunun, kininin üzerinde diğerlerine bağlanmaya başlayabilir. Kişi diğerinden ne kadar çok nefret ettiğini hissedebilir yine de kendine karşı bir şey yapmaya ilerler. Bu çelişen kuvvetler kişinin içindedir. Bu kişinin (Aviut) kendi kabalığıdır ve diğeri de bu kabalığın üzerinde (Masah) perde olacaktır.

Dr. Laitman, Günlük Kabala Dersi

Michael Laitman

Dost Sevgisi

Topluluk bir araya geldiğinde, düşüncelerinin Yaradan'ın büyüklüğünü kabul etme derecesine geldiğinde "herkes kendi derecesi ile uyum içinde Yaradan'ın büyüklüğünü kabul etmeye harekete geçirilirdi." Krala hizmet etmeye değerli olanlar ile birleşmeye yetkili olduğundan maneviyat adına, Yaradan'a ihsan etmek için vücudunda hisseden herkes için yerine getirmek istediği tüm aksiyonlar değer biçilemezdir. Bu yüzden, yerine getirmiş olduğu her zayıf hareket ile zevk ve neşe ile dolar ve artık Krala hizmet etmek için bir yolu vardır. Böylece, mutluluğun ve neşenin dünyasında tüm gün boyunca ilerleyebilir.

Rabaş'ın Yazıları, "Topluluğun Ajandası"

Dostlar tek bir kütle olarak birleştiklerinde, çalışmalarının amacına saygı gösterebilecekleri bir kuvvet alırlar - ki bu Lişma'yı (Onun Adına) edinmektir.

Rabaş'ın Yazıları, "Dostların Sevgisi İçin Gereksinim"

Kişi dostların sevgisine sahipse ve sevginin durumunda ise kural şudur: kişi arkadaşının eksikliklerini değil, doğrularını görmeyi diler ve bunu şu takip eder; arkadaşında bir eksiklik görüyorsa, bu eksikliğin arkadaşında olmadığı aksine kendisinde olduğunun işaretidir. Demektir ki

Dost Sevgisi

Michael Laitman

dostların sevgisini zedelemiştir, bundan dolayı arkadaşında eksiklikler görür. Bu yüzden, artık kendini düzeltecek kişinin arkadaşı değil kendisinin düzeltilmeye ihtiyacı olduğunu görmesi gerekir.

Rabaş'ın Yazıları, "Topluluğun Bir Araya Gelmesinin Düzeni"

Kişi daha üst bir seviyeye yükselmenin önemini hissederse, kendisini çevreleyenlere yaklaşır ve karanlığın içinden ışığa dönebilmenin gücünü oradan alır. Problemimiz "karanlık"ın ne olduğunu idrak etmektedir. "Karanlık" ihsan etmenin eksikliğidir, maneviyatın eksikliğidir, Yaradan'ın ifşasının eksikliğidir. Kişi kendini ihsan etmenin eksikliği düşüncesi içinde bulursa, sonrasında doğal olarak karanlığın üzerinden topluluğa yaklaşacaktır. Bunun hakkında iki kere düşünmesine gerek yoktur, karanlığın basit tanımı için, ihsan etmenin eksikliği ona topluluğu işaret eder. Onlardan ne alır? Karanlığın içinde sanki ışık içinde yaşıyormuşçasına kuvvet alır. Bunun nedeni, karanlığın hissinin sadece alma arzumuz ile ilişkide olmasındandır ve ihsan etme arzusu ile ilişkide olan ise Işıktır. Toplumdan bu desteği aldıktan sonra, üstte olana döneriz ve Saran Işığı talep ederiz. Sonrasında üstte olan bizi düzeltir ve ihsan etmenin şekline ulaşmış oluruz ve karanlık Işığa dönüşür.

Dr. Laitman, Günlük Kabala Dersi

Michael Laitman  Dost Sevgisi

Kendileri, diğerlerini sevmeyi çalışmanın gerekliliği konusunda aralarında bakış açısı ve düşünce uzaklığı olmadığını anlayanlar bir grupta birleşebileceklerdir. Bu yüzden her biri diğerlerinin faydası için ayrıcalıklar yapmaya muktedir olacaklardır ve bunun üzerine birleşebileceklerdir. Diğerlerinden farklı olarak, diğerlerini sevmeyi çalışmanın gerekliliği konusunda bu tarz bir anlaması olmayanlar, bu yüzden, onlarla birleşemeyecekler.

Rabaş'ın Yazıları, "Kendini Bir Rav Yap ve Kendine Bir Arkadaş Satın Al"

Yapabileceğinizi yapın ve Efendi'nin kurtuluşu "göz kırpmak" gibidir ve bugünde önünüzde duran esas olarak arkadaşların birleşmesidir. Bunu da uygulayabileceğiniz kadar çok uygulayın: Tüm eksiklikleri bu telafi eder.

Baal HaSulam'ın Yazıları, 10. Mektup

Kişinin arkadaşını layık olan için yargılaması gerektiği zaman, bu çok büyük bir çabadır ve herkes buna muktedir değildir. Bazı zamanlarda, hatta daha da kötüdür: Bazen kişi arkadaşının onu aşağıladığını görür. Kişi hatta iftira dahi duyabilir, demektir ki başka bir arkadaştan bu ithamları duymuştur. Söz konusu bu arkadaş, arkadaşlar için uygun olmayan şeyler demiştir. Ve kendini boyun eğdirmeye ve

Dost Sevgisi

Michael Laitman

layık olduğunun derecesi için onu yargılamaya ihtiyacı vardır. Ve bu çok büyük bir çabadır.

Bu yüzden, kişi bu çabayı sarf ettiğinde ve onu layık olduğunun derecesi için yargıladığında, bu bir çaredir. Çabayı göstererek - ki bu "Aşağıdan Uyanış" olarak nitelendirilir - istisnasız tüm arkadaşlarını sevebilmek için ona üstten kuvvet verilmiştir. Bu "Kendine arkadaş satın al" demektir, diğerlerinin sevgisini başarabilmek için kişinin çaba göstermesi gereklidir.

Rabaş'ın Yazıları, "Arkadaşlar Topluluğundan Ne Talep Etmeliyiz?"

Deneyimli olandan daha erdemlisi yoktur. Bu yüzden size, zihniniz böyle bir imajı reddetse de aramızdaki sevginin kaybolmasının korkusunu içinizde uyandırmanızı tavsiye ediyorum. Yine de, sevgiyi arttırmanın bir yolu varsa bunu kendiniz yerine getirin, ilave etmeyen için bu aynı zamanda kendisine karşı tutulur. Bu, şuna benzerdir: arkadaşına muhteşem bir hediye veren kişinin bu aksiyonu sırasında kalbinde ortaya çıkan sevgi, olaydan sonra kalbinde kalan sevgiden farklıdır. Yavaşça ve gitgide soğur ve azalır, ta ki kişi sevginin bereketini tamamen kaybedene kadar. Bu yüzden, hediyenin alıcısı onu gözünde her gün yeniymiş gibi yapacak bir yol bulmalıdır.

Baal HaSulam'ın Yazıları, 2. Mektup

Michael Laitman

Bnei Baruch Eğitim ve Araştırma Enstitüsü

Dost
Sevgisi

Kim ki daha iyi bir çevre seçmek için durmadan bir çaba sarf ederse O, ödüle ve övgüye değerdir. Fakat burada da, bu ona onun tercihi olmadan gelen iyi düşünce ya da hareketlerinden değildir. Ancak iyi bir çevreye sahip olmak için verdiği çabalardandır - ki bunlar onu bu iyi düşünce ve hareketlere getirir.

Baal HaSulam'ın Yazıları, "Özgürlük"

Yaradan'ın içimizde ifşa olmasına ait olan bu özel şeylerin üzerimizden gitmesini korumaya ihtiyacımız vardır. Bir başka deyişle sadece tek bir talebimiz olmalıdır; İhsan etmenin niteliği bizleri yönetecektir. Bunu aramızdaki bağda kalbimizdeki noktaların ifşa olması için isteriz. Bu, içimizde hissetmeyi beklediğimiz kaptır.

Dr. Laitman, Günlük Kabala Dersi

Ve bir kişi onu buldu ve baktı, O çayırda birini arıyordu. Ve adam ona şöyle sordu "Ne arıyorsun?", bu demektir ki, "Sana nasıl yardımcı olabilirim?" Ve o dedi ki: "Kardeşlerimi arıyorum." Kardeşlerimle beraber olmak demek bu dostların sevgisinin olduğu bir grupta olmaktır, Tanrı'nın evine götüren yolu tırmanabileceğim bu yol "ihsan etmenin yolu" olarak adlandırılır ve bu yol doğamıza aykırıdır. Bunu

Dost Sevgisi

Michael Laitman

başarabilmek için, herkesin arkadaşına yardım edebileceği, dostların sevgisinden başka bir yol yoktur.

> Rabaş'ın Yazıları, 1. Bölüm, "Dostların Sevgisi"

Toplumun değeri farklı bir atmosfere neden olabilmesidir -ki bu yalnız ihsan etmek için çalışmak olmalıdır.

> Rabaş'ın Yazıları, 1. Bölüm, "Dostların Sevgisine İhtiyaç"

Her öğrencinin aynı yolda yürüdüğü dostuna "Neslin En Erdemlisi" gibi onur göstermesi gereklidir. Sonra, etraftaki topluluk onu çok büyük bir topluluk gibi etkileyecektir çünkü nitelik, niceliğe ağır basar.

> Rabaş'ın Yazıları, "Arkadaşlar Topluluğundan Ne Talep Etmeliyiz?"

İyi olan kişi, arkadaşını alçakta görerek ona yardım edebilen kişidir. Şöyle yazılıdır ki "Kişi hapsolunmadan kendini serbest bırakamaz." İyi olan kişi, arkadaşının ruhunu

Michael Laitman  Dost Sevgisi

yukarıya çekendir. Bu demektir ki, kişinin arkadaşı onu bulunduğu durumdan, geçinebileceği bir duruma, yukarıya çeker. Sonrasında kişi bir kez daha hayatında inanç ve zenginlik edinmeye başlar ve sanki hedefi yanı başındaymış gibi başlar.

> *Rabaş'ın Yazıları, 1. Bölüm, "Her Biri Dostuna Yardım Etti"*

Kalpteki noktadan başka, tüm diğer eksiklikleri keşfetmemiz gerekmektedir. Nereden? Gruptan, çünkü tüm kaplarımız, Yaradan tarafından birbirlerine bağlanan kalpteki noktalarımızdır. Kendi başlarına bağlanamazlar. Denemeli ve kaplarımızı, aramızdaki bağlantıyı, sadece kalplerimizdeki noktalarımız arasındaki egositik arzularımıza karşı bir araya getirmeliyiz. Ego aşağıda kalır, fakat kalplerdeki noktalarımızı ve üstteki için olan özlemimizi bir araya bağlamak için çaba sarf etmeliyiz. Ya başaramazsak? O zaman gözyaşlarının kapılarına sahip olacağız.

> *Dr. Laitman, Günlük Kabala Dersi*

Dost Sevgisi

Michael Laitman

Kişinin başka bir taktiği yoktur fakat her zaman kendini halkın sıkıntıları ile acı çektirmelidir, tıpkı kendi sıkıntıları ile acı çekermiş gibi.

Baal HaSulam'ın Yazıları, "Talmud Eser Sefirot'a Giriş 125. Mektup"

Sadece çevre, manevi resmi kaybetmemeye ve içinde yer almaya, onu aramaya ya da her zaman arttırmaya, kişiye yardım edebilir. Kişi bu resmi devamlı olarak arttırmazsa, o zaman aniden resim yok olur. Maneviyatta hızın önemi yoktur sadece ivmenin önemi vardır. Bir başka deyişle, mevcut durumumuzda kalabilmek için çabalarımızı arttırarak her zaman çalışmalıyız. Bunun nedeni, sürekli büyümekte olan egomuza karşı çalışmak durumunda olmamızdır, bu yüzden maneviyat için her zaman kuvvetimizi arttırmamız gereklidir. Bunu yapmak dışında, kişi için başka bir yol yoktur, kişi en azından aynı seviyede kalmak için her zaman çaba göstermelidir.

Dr. Laitman, Günlük Kabala Dersi

Dostların bağlılıklarında eşsiz bir çare vardır. Bağlılıkları sayesinde birbirlerine aşıladıkları fikirleri ve düşüncelerinin her biri diğerinin kuvvetinden oluşur. Buna göre, her biri tüm topluluğun kuvvetine sahip olur. Bu

Michael Laitman

Dost Sevgisi

yüzden her bir kişi tek olmasına rağmen, yine de toplumun tüm kuvvetlerine sahiptir.

> Rabaş'ın Yazıları, "Dostların Sevgisine Olan İhtiyaç"

Dostların Sevgisi hakkında... Ki bu diğerlerini sevme temeli üzerine kuruludur, böylelikle Yaradan Sevgisine varabiliriz: Bu dostların sevgisinde genel olarak kabul edilene terstir. Demektir ki diğerlerinin sevgisine ilişkin olarak: Bu arkadaşların beni seveceği anlamında değildir, bundan daha çok benim arkadaşlarımı sevmem gerekir.

> Rabaş'ın Yazıları, "Dostların Birleşmesinden Ne Talep Etmeliyiz?"

Her şey birbirimizi nasıl birlikte tuttuğumuza ve başarımızın arkadaşımıza bağlı olduğunu nasıl düşündüğümüze bağlıdır, çünkü o da bizi etkiler. Bu yüzden egoistik seviyede, kişi etrafındaki herkesin mükemmel olmasını ister ve eğer hepsi mükemmelse ona bu çevreyi vereceklerdir, bu uygulama sayesinde o da mükemmel olacaktır. Eğer diğerlerini sevme durumundaysa, onların sevgisinin derecesine doğru, onlara bağlanma arzusuna, sonrasında onlardan maneviyat için eksiklikleri, maneviyatın önemini satın alır. Onlardan, bir ailenin küçük çocuğundan etkilenmesi gibi etkilenir, çünkü o sevilmiştir. Her ne kadar

Dost Sevgisi

Michael Laitman

bu onlar için önemli olmasa da, onun için önemli olan, onlar için de önemlidir. Bu, sevginin gücüdür.

> Dr. Laitman, Günlük Kabala Dersi

Sevginin, hareketler ile, arkadaşına hediyeler vererek satın alındığını bilmemiz gerekir. Sonrasında arkadaşına verdiği her hediye, arkadaşının kalbini delen bir ok ve bir kurşun gibidir ve her ne kadar arkadaşının kalbi taş gibi olsa da gene de her kurşun içine işler. Çok sayıda deliğin sonucu boş bir alandır ve sonrasında verenin sevgisi bu boşluğa girer. Sevginin sıcaklığı arkadaşının ona olan sevgisinin kıvılcımlarını çeker, sonrasında sevginin giysisi her iki tarafın sevgisinden dokunur, bu giysinin her ikisini de kaplaması için. Bu demektir ki, tek sevgi her ikisini de çevreler ve sarar ve onların ikisini de kaplayan giysi tek olduğundan beri, her ikisi de kaçınılmaz bir şekilde tek adam olurlar. Böylece, ikisi de iptal edilmişlerdir.

> Rabaş'ın Yazıları, 1. Bölüm, "Adam'ın Tümü"

Bilmeliyiz ki, "İki, çok için en az olandır". Bu demektir ki, iki arkadaş birlikte otururlarsa ve Yaradan'ın önemini nasıl arttıracaklarını düşünürlerse aşağıda olan uyanışta olduğu gibi zaten Yaradan'ın büyüklüğünü daha fazla

Michael Laitman  Dost Sevgisi

güçlendirmeyi almaya kuvvetleri vardır. Bu aksiyon için, sonrasında yukarıdan uyanış yaklaşır ve Yaradan'ın büyüklüğünü hissetmeye başlarlar.

Rabaş'ın Yazıları, 1. Bölüm, "Birliğin Ajandası"

Bilmelisiniz ki, kutsallığın çok sayıdaki kıvılcımları, grubun her üyesinde mevcuttur ve siz kutsallığın kıvılcımlarını tek bir yere bir araya getirdikçe, kardeşler sevgi ve arkadaşlık içinde birlikte oturdukça, kesinlikle o zamanda, hayatın ışığından, kutsallığın çok önemli bir boyutuna ulaşacaksınız.

Baal HaSulam'ın Yazıları, 13. Mektup

Dost Sevgisi

Michael Laitman

Aynı kaynağa döneriz ve onu ifşa etmek için birlikte ışığı çekeriz ve gücümüz onu ifşa etmek için ona bağlanmaya hazır. Bu, inanılmaz büyük bir kuvvettir. Aramızdaki bağlantı tamamen onun ana özelliğine göre uyumludur: O birdir, tektir ve eşsizdir. Ve üstteki aramızdaki farksa, bu aramızdaki reddediştir, bu özelliği inşa ederiz. Tek, yalnız ve eşsiz, sonrasında bununla onu çekeriz ve gerçekten yenilenmek için ümit edebiliriz.

Dr. Laitman, Günlük Kabala Dersi

Her şey herkese bağlıdır, onun diğer tüm ruhlara eklenmesi ile aynı fikirde olma derecesine, aynı kabın içeriklerine, Ein Sof'un Malhut'u, Şehina. Ancak adam ona eklenmeden önce, eklenmek ister ve yapamaz, Şehina'nın acısını hisseder. Bunu nasıl hisseder? Bu hasreti düzelmek içindir ve henüz bunu elde edemez, böylece şiddetli arzusunu acı olarak hissetmeye başlar. Neden hasreti "Şehina'nın Acısı" yerine kullanılır da "kendi acısı" yerine kullanılmaz? Çünkü hasreti onu doldurma arzusu olarak başlar, Şehina ve genel kap, tüm diğer ruhlar ve kendisi değil. Bu yüzden denir ki, adam "Şehina'nın Acısı" içine eklenmiştir, bu, şimdi arzusu kendi özel ruhuna, diğer tüm ruhlara Işığı devam edememesinin acısıdır.

Michael Laitman

Dost Sevgisi

Bu yüzden kaplarımın içinde "neyim var"ın acısından "tüm diğer ruhların içinde ne var", Şehina'nın içinde'ye hareket eder. "Bana ne zevk verir" sorusundan "Kime zevk veriyorum"a hareket eder.

Dr. Laitman, Günlük Kabala Dersi

Bir araya gelmenin en başında, toplumun onayı hakkında konuşmalıyız, herkes takdirini ve kabul ettiklerinin önemini ve büyüklüğünü açıklamasını ifade etmeye çalışmalıdır ve toplumun onayı dışında arkadaşlar tarafından onayın üstü açılana kadar başka hiçbir şeyden konuşmamalıdır. Ve sonrasında denilebilir ki "Şimdi dostların birliğinin birinci bölümünü tamamladık ve ikinci bölüme başlıyoruz." Demektir ki, herkes için kendi fikrine göre, hangi aksiyonları yerine getirebiliriz, herkesin dostların sevgisini satın almaya muktedir olabileceği aksiyonlar nelerdir? Başka bir deyişle her bir bireyin yapabileceği, kendi kalbini satın almak, toplumun her bir kişisini sevmek. Toplumun yararı için ne yapılabileceğini tavsiye eden ikinci bölüm tamamlandığında, arkadaşların yapılmasına karar verdikleri aksiyonların yerine getirilmesini ilgilendiren üçüncü bölüm başlar.

Rabaş'ın Yazılar, 1. Bölüm, "Birliğin Ajandası"

Dost Sevgisi

Michael Laitman

Bir kişinin arkadaşına verdiği her hediye, taşta boşluk yaratan bir kurşun gibidir. İlk kurşun taşı önemsiz bir kesik dışında etkilemese de, ikinci kurşun aynı noktayı vurarak orayı çökertir ve üçüncüsü bir delik açar. Ateş etmeye devam ettiği kurşunlar daha sonra deliğin gelişmesine ve arkadaşının tüm hediyeleri toplayacağı taştan kalbinde boş bir alan oluşmasına neden olur. Her bir ve tüm hediyelerden sevginin kıvılcımları yaratılır; ta ki sevginin tüm kıvılcımları taştan kalbin boşluğunda toplanıp alev olana kadar. Bir kıvılcım ve alevin arasındaki fark bunun içinde olduğundan: Sevginin olduğu yerde aynı zamanda dışsal maruz kalma olduğunda - ki bu tüm uluslara olan içsel yanan sevgisinin ifadesi demektir - sevginin ateşi tüm yol boyunca karşısına çıkan tüm suçları yakar.

Rabaş'ın Yazıları, 2. Bölüm, 40. Mektup

Yaradan'ın tanımı olan "Gel ve Gör"e göre kişinin sevginin ve ihsan etmenin kuvvetini içinde ifşa etmeye ihtiyacı vardır. Bu tanımda şekil hepimizin her zaman olması gerektiğinde görülmelidir, grupta, çalışmada, dağıtımda, tüm genel ve özel davranışlarımızda grupta ve aynı zamanda kendi başına.

Michael Laitman

Dost
Sevgisi

Tüm düşünce ve arzularımızı Yaradan'ın içimizde ifşası, özgecilik özelliğinin ve diğerlerinin içimizdeki sevgisinin ifşası için birbirlerine bağlamazsak, Kabala Bilgeliği bağımız yok demektir. Ve hatta belki de Maneviyatı değil de bilgeliği öğreniyoruzdur. Çünkü Kabala Bilgeliği, içimizdeki sevginin gücü ve özgeciliği ifşa etmek içindir ve bu "Yaradan'ı İfşa Etmek" olarak adlandırılır.

Dr. Laitman, Günlük Kabala Dersi

Her bireyin, tüm dostlarının en küçüğü olduğunu hissetmesi gereklidir. Ondan sonra herkesin yücelik takdirini elde edebilecektir, büyük olan alttan alma yeteneğine sahip olmadığından onun sözlerinden ilham almak belirtilmemektedir. Sadece küçük olan büyük olanın takdirinden ilham alır.

Rabaş'ın Yazıları, "Dostların Sevgisi Hakkında"

Bilgelerimiz demiştir ki: "Yazarlar kıskandıklarında, bu bilgeliğin değerini arttırır." Demektir ki tüm dostlar topluluğu gözlemlediklerinde - ki onlar hem düşünce hem de aksiyonda yüksek dereceye yerleşmişlerdir - o zaman herkes için, vücudunun sahip olduğu özelliğine göre daha yüksek

Dost Sevgisi

Michael Laitman

bir dereceye yükselmeye zorunda kalmak doğaldır. Şimdi, toplumun onda oyduğu yeni özellikleri bulunur.

> *Rabaş'ın Yazıları, "Nedenin Üzerinde Kader Hakkında"*

Arzu parçalara bölünmüştü ve seçenek verilmişti - ki kişi arzu eklemek isterse, bu diğerleri tarafından eklenebilirdi. Bu şekilde, diğerlerinin arzularıyla bağlanma derecesine, bir hayvanın seviyesinin üzerine arzu ekler ve diğerlerinden satın aldığı arzu içindeki "Adam" olarak adlandırılır. Tüm sistem, bu arzuların, özel ruhların parçalarının her bir tek parçasının, ruhların diğer kalanlarından ilave arzu satın almaları yönünde inşa edilir ve diğerlerinden satın aldığı bu büyük hasretin içerisinde, "Adam" isimli arzuya ulaşır. Bu sayede yaratılışı doğrular, Yaradan'ı doğrular ve aynı zamanda erdemli adam olur.

> *Dr. Laitman, Günlük Kabala Dersi*

Tüm temel, bizim zevk, neşe alabilmemiz ve eğlenebilmemiz içindir. Ve hatta daha fazlası içindir, ihsan etmekten zevk almak ciddi bir yükümlülüktür. Tek bir nokta üzerinde çalışmalıyız, o da şudur: Maneviyatı takdir etmek. Bu "Kiminle yüzleşiyorum" ve "Kime konuşuyorum" ve "Kimin kurallarına bağlanıyorum" ve "Kimin Bilgeliğini çalışıyorum"a dikkat etmekte ifade edilmektedir. Demektir

Michael Laitman  Dost Sevgisi

ki, Bilgeliğin vericisini nasıl takdir edeceğimizin tavsiyesini hesaba katmaktır. Ve kişi (ilgilendiği sürece) henüz yukarıdan herhangi bir ışığı edinmeye layık olmadığından, o zaman kendisine az ya da çok benzeyen, aynı zamanda hangi yol ile olursa olsun Yaradan ile bağlantıda olmanın önemini arttırmayı arayan diğer kişileri aramalıdır. Birçoğunun düşüncelerini kapsadığından, herkes arkadaşından yardım alabilir.

Rabaş'ın Yazıları, 1. Bölüm, "Birliğin Ajandası"

Yaradan hakkında konuşuyorsak, Onun herkesle nasıl bir ilgi içerisinde olduğunu incelemeliyiz. Sonrasında, onun yaratılanlara karşı olan ilgisini incelerim; şimdi neye benziyor? Olması gereken ifşaatlara bakınız! Tüm ruhlara bağlanmalıyım ve onları hissetmeliyim; tüm ruhlarda, O herkesle nasıl ilgilidir, anlamalıyım. Bu, her ruhta olmalıdır ve aynı zamanda o ya da bu ruha karşı nasıl ilgilendiğinin hissi de olmalıdır. Bu demektir ki, bu ruhları bana bağlamak ve bunu hissetmek.

Dr. Laitman, Günlük Kabala Dersi

Dost Sevgisi

Michael Laitman

Dostların kalbini uyandırmalısınız, ta ki içinden bir ateş yükselene kadar, bu sayede Yaradan'ın sevgisinin uyanmasına layık olacaksınız, onun kutsiyeti üstümüzde olsun.

Rabaş'ın Yazıları, 2. Bölüm, 37. Mektup

Baal HaSulam öğrencilerini selamlarken kederlidir, nasıl olur da kabı kullanmıyorlar, özel araç, mevcut olan tek şey onların arasında bağlılık ile doğru yöne uyanış. Onların her birinin gerçekten hiçbir şeyleri yok, fakat birlikte, manevi amacı uyandırmaya başladıklarında, manevi amacı konumlandırmaya başlarlar çünkü başlangıçta birbirlerine karşı zıt durumdadırlar, birbirlerine karşı çatışmalar içindedirler. Ortak manevi amacı uyandırmaya başladıklarından sonra birbirlerine karşı, aynı arzuyu inşa ederler. Birbirlerine karşı kin içindedirler ve onun üstünde bağlantıyı inşa etmek zorundalar. Sonrasında aralarında hiçbirinin tek başlarına inşa edemeyecekleri manevi bir kap yaratılır.

Dr. Laitman, Günlük Kabala Dersi

Michael Laitman

Dost Sevgisi

Eğer kişi dostlarının kendinden daha yüksek bir derecede konumlandıklarını görürse ve bir nedenden dolayı kendini baştan aşağı dostlara göre daha alçak görürse ve tüm dostlarını derse gelmek konusunda almış oldukları kararlara uyduklarını görürse ve dostlar arasında yapılan tüm etkinliklerdeki ilgilerini görürse, mümkün olan her yönde her biri yardım ediyor ve çalışmada öğretmenlerinden duydukları tüm nasihatleri anında uyguluyorlarsa... Bu kesinlikle onu etkiler. Bu, uyanmaya ihtiyacı olduğunda da gün ışımasından önce uyandırıldığında da ve çalıştığında da ona kendi tembelliğinin üstesinden gelme gücünü verir. Vücudu derslere daha ilgili olur, aksi takdirde dostlarından geri kalacağını biliyordur.

Rabaş'ın Yazıları, "Nedenin Üstünde Kader Hakkında"

Kişinin dostlarını düşünmesi gereklidir, annenin küçük çocuğuna olan düşkünlüğü gibi. Ve küçük oldukları için değil, onlar neslin en yüceleri olduklarından ve onlara olan katılımı bu şekilde olmalıdır. Çünkü onlardaki parçasını, onlar dolduramaz ve düzeltemez ve bu parçaya doğru onlar küçüktürler, bu parça sadece yapabileceğidir. Kişi, şunu hayal etmelidir: her birinin içinde onlara ölüm hissini veren, onları iyileşmekten alıkoyan bozuk bir parça vardır ve o, sadece bu parçayı iyileştirebilir.

Dr. Laitman, Günlük Kabala Dersi

Dost Sevgisi

Michael Laitman

DOSTLARIN TOPLANTISINA HAZIRLIK

1. "Toplantıdan önce kişi, dostlarının her birini yüceltmeli." Neden toplantıya gidiyorum? Bu dostlar bana ne veriyor? Hayatımdan istediğim şey ne? Neden buraya düştüm? Ve bunun gibi. Bu soruları vaktinden önce içimde uyandırmalıyım ve hiçbir zaman bastırmamalıyım. Aksi takdirde başaramam. Ancak bu, bir amaca yönelik şekilde yapılmalıdır. Dostların toplantısına gidiyorum. Toplantı için hazırlığa odaklanmamla birlikte, buna neden ihtiyacım olduğunu netleştirmeye başlarım.

Belki de, toplantı belli bir gün için planlandı ve ben de başka bir geceyi daha kaçırmak zorunda kalacağım? Belki de toplantıya gitmemekten ötürü kendimi beceriksiz hissedeceğim?

Ya da, eğer hiçbir şey programlanmamışsa, hiç kimse burada değilse ve hiç kimse gelmek istememişse bile, herkesi yaka paça da olsa bir araya getirirdim şeklinde bir arzuyu içimde uyandıracağım. Bu, "Dostların toplantısından önce kişi dostlarının önemini anlamaya gelmelidir" sözünün anlamıdır. Amaca onlarsız ulaşamam ve sadece "onlarsız" da değil, onların amaca ulaşma ihtiyaçları olmadan da ulaşamam. Özetle, onların bu ihtiyacı kavramaları, benim yakıtımdır. Eğer dostların toplantısına haftada en az bir kez katılmazsam ve bir sonraki toplantıya kadar, her gün bu toplantının yardımına başvurmazsam benden ne olacak? Eğer durum bu ise, basitçe tüm hayatımı karalıyorum.

Bu yüzden, "dostların önemini inşa etme"nin önemini hayata geçirmemiz gerek. Kendim için, neden özellikle bu

Michael Laitman  Dost Sevgisi

dostları seçmiş olduğumu anlamak zorundayım. Rabaş bunun hakkında yazıyor.

2. "Kişi kendini, grup için ne kadar çaba sarf ettiği konusunda kontrol etmelidir". Onlar o kadar önemlidirler ki onlar olmadan Yaradan'ı ifşa etmek için, Şehina'ya giriş için, Şehina'da İkamet Edeni doldurmak için ve hayal edebileceğim diğer her şey için bir kaba sahip olamayacağımı anlarım. Amaç benim için gerekli olduğu sürece, ona ulaşmak için gereken Kli de aynı derecede gerekli olmak zorundadır. Amacın önemli olması ve grubun önemsiz olması imkânsızdır. Bu basitçe, amacın ve ona ulaşmak için gereken aracın yetersiz anlayışına işaret eder. Evet, amaç Yaradan'dır. Ancak araç, O'nun ifşa olduğu "yer"dir; bu da düzeltilmiş gruptur.

Eğer durum bu ise, o zaman kim bu Kli'yi hazırlayabilir? Ben mi ya da gruptaki başka bir kişi mi, Hocam ya da Üstteki Güçler? Bunun hakkında düşünerek ve içsel tanımlar biriktirerek, anlarım ki bu Kli'nin yaratılması yüzde yüz olarak bana bağlıdır. Ben, kendi payıma düşen ile gruba katkıda bulunmaya yönelik tüm çabayı sarf edene kadar ve grubu bu Kli'nin yaratılışına doğru uyandırana kadar, dostlarım hiçbir şey elde edemeyecekler.

Dahası, şundan yüzde yüz emin olmalıyım ki, eğer dostlarım yüzde yüzü bu Kli'nin yüzde yüzünü oluşturmaya yönelik uyandırmakta başarısız olurlarsa, o zaman benim amaca ulaşma umudum sıfırdır.

Onları uyandırmadığım sürece amaca ulaşamayacağım. Onlar benim sayemde uyanana kadar,

Dost Sevgisi

Michael Laitman

amaca ulaşamayacaklar ve bunun sonucunda ben de ulaşamayacağım. Bu karşılıklılığın farkına varmak gereklidir. Bu, beni garantinin algısına getiren şeydir.

Ben aciz ve zayıf bir şekilde grubun ellerindeyim. Dostlarımı, onlardan bir garanti edinmek için nasıl etkileyebilirim ki bu sayede bana Kli'lerini versinler? Bu dünyadaki hiçbir şey onları bunu yapmaya zorunlu kılmakta bana yardımcı olmayacak, sadece sevgi.

Eğer şu anda bunu istemiyorsalar bile, sadece sevgi ile onları beni sevmeye zorunlu kılabilirim. Tabii ki amacı arzulayan noktalara sahip olmaları halinde. Sevginin kuralı böyledir: Eğer kişi bir başkasını sevmeye başlarsa ve karşılıklı sevgiye ulaşmayı arzularsa, bunu başarmaya zorunludur. Aynısı maddi dünyada da olur. Eğer en çirkin kız ile en başarılı erkek arasında bir bağ varsa (ve ne de olsa hepimiz bir gruptayız ve birbirimizle bağ içindeyiz), o zaman erkeğe hediyeler, ilgi ve başka şeyler vererek kız, erkeği kendisini sevmeye mecbur bırakabilir. Büyük bir uçurum onları ayırabilir. Ancak aralarında gelişmemiş bir bağ olsa bile, "sevgi tüm günahları örtecektir." Hiç kimse, alt seviyedekinin üst seviyedekine karşı (ya da herhangi birinin herhangi birine) karşı sergilediği bu tip bir yaklaşıma dayanamaz.

Bu yüzden anlamamız gerekir: Ben dostlarımı yüzde yüz oranında sevmediğim sürece, uyanmayacaklar ve bana amaca ulaşmak için gereken kabı vermeyecekler. Dostlarımın yüzde yüz oranında uyanışı onlara bağlı değildir, sadece benim onlara olan sevgime bağlıdır. Bu aniden beni korkutur. Onları seviyor muyum? Tüm ruhumu onlara katıyor muyum? Onlar için bir şey yapmak istiyor muyum?

Michael Laitman

Dost Sevgisi

Kendimden vazgeçebilir miyim, kendimi tamamen iptal edebilir miyim ve onlara tamamen sevginin kuralına uygun olarak hizmet edebilir miyim? Eğer yapabilirsem, şüphesiz ki bu onlarda karşılıklı sevgiyi harekete geçirecektir.

Dostlarıma, onlardan almak için dönmem. İhsan etme ile onlara dönerim. "Dostumun maddi parçası, benim manevi parçamdır" diye bu sebeple denmiştir. Benim gözümde dostum, sürekli olarak maddi anlamda vermek istediğim kişidir. Bu benim için manevi bir surettir. Bunu yaparak manevi güç alacağım.

Eylemlerimin bir sonucu olarak, dostlarımdan garanti alacağımdan emin olmalıyım. Bu benim onlardan talep ettiğim sevgi değil. Ne de olsa, eğer sevgi talep etseydim, niyetim almak olurdu. Hayır, onlardan bir garanti talep ederim. "Garanti" nedir? Yaradan'ı edinmeye yönelik güven duygusudur.

"Güven" dostlarımın sevgime olan karşılığının, bana aniden bu dünya hakkında düşünmeyi durdurmak için gereken güveni vermesi demektir. Tıpkı annesinin kollarındaki bir bebek gibi olurum. Bebek nerede olduğunu bilmez; hiçbir şey bilmez. Ancak doğru yerde olduğunu hisseder. Hiçbir şey hakkında endişe duymasına gerek yoktur.

Buna çok benzer şekilde, gruba sevgimi verdiğimde, grup karşılığında bana öyle bir güç, öyle bir garanti verir ki, artık bu dünya hakkında düşünmem. Ondan bağımı koparmak için bir fırsat elde ederim. Açıkçası, yaşamaya ve onun içinde eylemlerde bulunmaya devam ederim. Ancak burada neler olduğuna önem vermem. Tüm dünyanın zaten benim olduğunu ve bunun tersine benimle herhangi bir ilgisi

Dost Sevgisi

Michael Laitman

olmadığını hissederim; Nasıl formüle edildiği hiç önemli değildir. Kendimi ona bağımlı hissetmem. Bunun yerine, yalnızca Yaradan'la bir bağlantı kurduğumu hissederim. İşte bu, sevgi karşılığında gruptan elde ettiğimiz şeydir: Güven ve garanti.

3. "Yaradan'a bize yardım etmesi ve her birimize komşumuzu sevmek için güç ve arzu vermesi için dua et". Başlangıç ve son birbirine bağlanmak zorundadır. Yaratılışın Amacı ile başlarsın ve onunla bitirirsin. Yaradan ile başlayana kadar hiçbir eyleminiz başarılı olamaz. Yaradan, size yolun başında arzuyu, gücü ve yönü verir. Aynı zamanda size, eyleminize başladınız gibi göründüğünde aslında O, bunu yapandır. Hissetmiş olduğunuz şeyi bu yüzden hissetmişsinizdir.

Ve şimdi gruba, O'na dönmenin güvenini almak için döndüğünüzde, O'ndan güç istersiniz. Her eylemde olduğu gibi "Tora, Yaradan ve İsrail birdir", Baal HaSulam'ın mektuplarında sayfa 63'de tarif ettiği şekilde tek bir noktada birleşeceklerdir. Aksi takdirde, bu eylem başarılı olmayacaktır. Yaradan'a dönmek ve Yaradan'ın işini yapmak için olan güç, yüzde yüz sizin içinizde olmalıdır. Yaradan'ı, annesine tutunan ve ondan kendisinin yerine hareket etmesini bekleyen bir bebek gibi algılarsınız. Bebek sadece annesine tutunur ve ona ne yapması gerektiğini gösterir. Küçük çocukların ne kadar az hareket ettiklerini hepimiz biliriz.

4. "Kişi, dostları ile birlikte olduğunda, Yaradan'ın zaten duasını kabul ettiğini düşünmelidir ve neşe dolu olmalıdır." Yaradan, kişiye dostlarını sevme gücünü verir ve şüphe yoktur ki kişi, bunun karşılığında onlardan garanti

Michael Laitman  Dost Sevgisi

alacaktır. Sonuç olarak, Yaradan ile birleşecektir. Çünkü garanti bu durumu gerçekleştirir ve bu fırsatı onun için sağlar. Eğer dua bütünüyle kabul edildiyse ve Yaradan bu eylemi kişi içinde gerçekleştirirse, o "dostlarıyla beraber neşe içindedir". Neşeyi gerçekten açıkça göstermek tüm süreci aydınlatmanın net bir sonucu olarak gereklidir. Aksi takdirde bu "alay edenlerin neşesi" olacaktır.

5. "Grubun her üyesi elinden geldiği kadarıyla, grubun önemi hakkında, grubun kendisine ne kadar çok fayda sağladığı (onun kendi kendineyken asla yapamayacağı kadar) hakkında konuşmalıdır." Hepimiz grubun önemi, sahip olduğumuz hazine hakkında konuşmalıyız. Gerçekte bu, Yaradan'ın ikamet ettiği ortak Kli'yi, Malhut'u, yani Şehina'yı ifşa etmemizi sağlayan şeydir. Bu Kli'yi ifşa ettiğimizde, aniden Üst Işık ile birlikte orada olduğumuzu keşfederiz. Bunu bireysel olarak gerçekleştiremeyiz; herkes, onları sadece sevgisiyle bir şeylere zorunlu kılabileceği dostlarına bağlıdır ve Yaradan tüm eylemleri yerine getirecektir. Bu yüzden ortak MAN'ı Yaradan'a yükseltiriz: Bu sayede O, bu aksiyonu bizim aracılığımızla ve bizim için yerine getirsin diye - ki böylece O'nunla birleşelim ve O'nun gibi olalım.

6. "Toplantının sonunda, kusursuzluk halini hissetmeliyiz." Eğer yukarıda yer alan her şeyi sanki amacın yüzde yüzünü edinmişiz gibi yerine getirmişsek, son durum ile bağlantı kurmuş olmaktan dolayı güven ve sevinç hissetmeliyiz. O mevcuttur ve eğer eylemde hâlâ ona ulaşamadıysak, bu yolun hâlâ seyahat edilmemiş olduğu anlamına gelir. Ancak, bu yol ve yolun üzerindeyken yerine getirdiğimiz eylemler de büyük bir onurdur, son amaca ulaşmanın verdiği onurdan daha azı değil. Yaradan

tam olarak, yol üzerinde olan ve çaba sarf eden kişilerden memnuniyet duyar. Biz bunu yaptığımızda, ödemeyi elde ettiğimiz zamankinden daha az olmayacak bir memnuniyeti ona veriyoruz. Bu neşe ile dostların toplantısından ayrılmalıyız ki, böylece bu neşe bize tüm hafta boyunca gerçekten ilham versin.

Herkes her zaman Işığın içinde ve aynı zamanda da kapta kalmaya dikkat etmelidir. Yukarıdaki altı koşulun analizi, bu aynı hissiyatlar ve algının detayları (aynı hislerde, aynı izlenimlerde ve hayatın aynı hissiyatında olmak için) herkesin içinde yeniden canlandırılmalıdır. Dostların toplantısına hazırlık budur.

BNEY BARUH HAKKINDA

Bney Baruh, Kabala bilgeliğini tüm dünya ile paylaşan büyük bir Kabalistler grubudur. 38 den fazla dildeki çalışma araçları bir nesilden diğerine geçmiş otantik Kabala metinlerini temel alır.

Mesaj

Bney Baruh dünya çapındaki binlerce öğrencinin birçok çeşitli hareketinden oluşmaktadır. Her öğrenci kendi kişisel koşullarına ve yeteneklerine göre kendi yolunu ve yoğunluğunu seçer.

Son yıllarda grup, orijinal Kabala kaynaklarını çağdaş bir dille sunan gönüllü eğitim projeleriyle uğraşan bir hareket olarak büyüdü. Bney Baruh tarafından dağıtımı yapılan mesajın özü insanların birlik olması, ulusların birliği ve insan sevgisidir.

Binlerce yıldır, Kabalistler insan sevgisinin yaratılışın temeli olduğunu öğretmektedirler. Bney Baruh kesinlikle Din, Irk, Dil, v.b. bir ayırım gözetmez. Bu sevgi Hz. İbrahim'in, Hz. Musa'nın ve onların kurduğu Kabalist grupların günlerinden beri hakim olmuştur. İnsan sevgisi temelsiz nefrete dönüştüğü zamanlarda, millet sürgün ve ızdırap içine düşmüştür. Eğer bu eski-ama-yeni değerler için bir yer açarsak, farklılıklarımızı bir kenara koyup birleşmek için gerekli olan güce sahip olduğumuzu keşfedeceğiz.

Bin yıldan beri gizlenmiş olan Kabala bilgeliği şimdi açığa çıkıyor. Bizim yeterince geliştiğimiz ve onun mesajını uygulamaya hazır olduğumuz bir zaman için bekliyordu. Bugün Kabala ulusların kendi içlerindeki ve uluslar arasındaki gruplaşmaları, ayrılıkları birey ve toplum olarak çok daha iyi bir durumda birleştirecek bir mesaj ve çözüm olarak ortaya çıkmaktadır.

Tarih ve Kökeni

Kabalist Michael Laitman, Ontoloji (Varlık Bilimi) ve Bilgi Kuramı Profesörü, Felsefe ve Kabala konusunda doktora, Tıbbi Bio-Sibernetik konusunda yüksek lisans yapmıştır ve 1991 de, hocası Kabalist Baruh Şalom HaLevi Aşlag'ın (Rabaş) vefatından sonra Bney Baruh adlı Kabalist grubunu kurmuştur.

Kabalist Michael Laitman akıl hocasını anmak için onun anısına grubuna Bney Baruh (Baruh'un Oğulları) adını verdi. Hayatının son 12 yılında, 1979 dan 1991 e kadar onun yanından hiç ayrılmadı. Kabalist Laitman, Aşlag'ın en önemli öğrencisi ve özel asistanıydı ve onun öğretim metodunun takipçisi olarak tanındı.

Rabaş 20.yüzyılın en büyük Kabalisti Yehuda Leib HaLevi Aşlag'ın ilk oğlu ve takipçisidir. Yehuda Aşlag, Zohar kitabı üzerine yazılmış en kapsamlı ve en saygın tefsirin yazarıdır. Sulam Tefsiri (Merdiven Tefsiri) manevi yükseliş için eksiksiz bir metod ifşa eden ilk Zohar tefsiridir.

Bney Baruh tüm çalışma metodunu bu büyük manevi liderler tarafından kazılmış yol üzerine temellendirir.

Kabala Dersleri

Yüzyıllardır Kabalistlerin yaptığı gibi ve Bney Baruh faaliyetlerinin odağındaki en önemli öğesi olarak, Kabalist Laitman Bney Baruh'un İsraildeki merkezinde her gün 03.00-

06:00 (İsrail ve Türkiye saatiyle) arası verdiği dersler yer almaktadır. Dersler simultane olarak 7 dilde; İngilizce, Rusça, İspanyolca, Almanca, İtalyanca, Fransızca ve Türkçe olarak çevirilmektedir.

Tüm Bney Baruh faaliyetleri gibi canlı yayınlarda dünyanın her yerinden olan binlerce öğrenci için ücretsiz olarak sunulmaktadır.

Finansman

Bney Baruh Kabala bilgeliğini paylaşmak üzere kâr amacı gütmeyen bir organizasyon olarak kurulmuştur. Bağımsızlığını ve niyetlerin saflığını koruyabilmek için Bney Baruh hiçbir devlet ya da politik oluşum tarafından desteklenmemektedir, fonlanmamaktadır ya da hiçbir kuruluşa bağlı değildir.

Çoğunlukla bu aktiviteler ücretsiz olarak sunulduğu için, grup aktivitelerinin temel kaynağı öğrencilerin gönüllü olarak katkıda bulunmalarından oluşmaktadır.

Kabalist Michael Laitman'ın Kabala'yı Arayışı

Bir çok derste ve röportajda Kabala'ya nasıl geldiğim bana sürekli sorulan bir sorudur. Kabala'dan uzak bir takım konuların içerisinde olsaydım muhtemelen bu sorunun geçerliliğini anlayabilirdim. Ancak Kabala hayatımızın amacının öğretisidir; hepimize çok yakın ve her birimizi ilgilendiren bir konu! Dolayısıyla bence daha uygun bir soru, Kabala'nın kişinin kendisi ve hayat ile ilgili soruları içinde barındırdığını nasıl bulduğum olmalı. Yani soru, "Kabala'yı nasıl keşfettiniz?" değil, "Neden Kabala ile ilgileniyorsunuz?" olmalı.

Hâlâ çocukluk çağındayken, tıpkı bir çok insan gibi, neden var olduğum sorusunu sordum. Bu soru, dünyevi zevklerin peşinde koşarak bu soruyu bastırmadığım anlarda sürekli beni rahatsız ediyordu. Bununla beraber, bu soruyu defalarca suni şeylerle, örneğin ilginç bir meslek edinip kendimi yıllarca işime adayarak ya da uzun yıllar peşinde koştuğum kendi ülkeme göç etmekle bastırmaya çalıştım.

1974 yılında İsrail'e geldiğimde de hayatın manası nedir sorusuyla hâlâ boğuşuyordum; yaşamaya değecek bir neden bulmaya çalıştım. Elimdeki imkânları kullanarak eski konuları (politika, iş hayatı vs) farklı yorumlarla ele alıp herkes gibi olmaya çalışsam da hâlâ bu ısrarlı soruyu silip atamıyordum: Hangi nedenden dolayı tüm bu şeyleri yapmaya devam ediyorum? Diğer herkese benzeyerek ne elde ediyorum?

Maddi ve manevi zorlukların etkisiyle beraber realiteyle başa çıkamayacağımın farkına varmam 1976 yılında beni dindar bir hayat yaşamaya getirdi, ümidim bu hayat tarzının bana daha uygun düşünceler ve fikirler getireceği ve yapıma daha uygun olacağı inancıydı.

Hiçbir zaman insanlığa özel bir meylim olmadı, sosyal bilimler, psikoloji ya da Dostoyevski'nin derinliğinin değerini ölçecek bir ilgiye sahip değildim. Sosyal bilimlerdeki tüm ilgim hep alelâde seviyedeydi. Belli bir düşünce ya da hissin derinliğinden kaynaklanmıyordu.

Buna rağmen, çocukluğumun erken dönemlerinden beri bilime güçlü bir çekim hissediyordum ve sanırım bu bana çok faydalı oldu.

1978 yılında tesadüfen Kabala dersleri için bir reklam gördüm. Hemen gidip kayıt yaptırdım ve doğamın geleneksel heyecanıyla Kabala'ya daldım. Bir çok kitap aldım ve bazen haftalarımı bile alsa cevaplar bulabilmek için bu kitapları derinlemesine çalışmaya başladım.

Hayatımda ilk kez böylesine derinden, özümden etkilenmiştim ve anladım ki benim ilgi alanım buydu çünkü yıllardır kafamı karıştıran konuların hepsiyle ilgileniyordu.

Gerçek bir öğretmen aramaya başladım, tüm ülkeyi dolandım ve bir çok yerde derslere katıldım. Ama içimden bir ses sürekli esas Kabala'nın bu olmadığını söylüyordu, çünkü benden değil soyut ve uzak şeylerden bahsediyordu.

Tüm bulduğum hocaları terk ettikten sonra bana yakın bir arkadaşımın da Kabala'ya ilgi duymasını sağladım. Akşamlarımızı birlikte, bulabildiğimiz tüm Kabala kitaplarını çalışarak geçirirdik. Bu aylarca sürdü.

1980 yılında soğuk, yağmurlu bir kış gecesi, Pardes Rimonim ve Tal Orot kitaplarını çalışmak yerine, çaresizlikten, kendimi de şaşırtacak şekilde arkadaşıma Bney-Barak şehrine gidip bir hoca arayalım dedim.

Orada bir hoca bulursak derslere katılmak bizim için uygun olur diye de teklifimi haklı çıkarmaya çalıştım. O güne kadar Bney-Barak şehrini sadece birkaç kere Kabala kitapları ararken ziyaret etmiştim.

O gece Bney-Barak soğuk, rüzgarlı ve yağmurluydu. Kabalist Akiva ve Hazon-İsh dört yoluna geldiğimizde camı indirip sokağın öteki tarafında uzun siyah palto giymiş bir adama seslendim: "Buralarda nerede Kabala çalışırlar bana söyler misin?" Dinci bir mahallenin ne tür bir atmosferi olduğunu bilmeyenler için bu sorunun kulağa çok garip geleceğini söyleyebilirim. Kabala hiçbir dini eğitim okulunda öğretilmiyordu. Hatta Kabala'ya ilgi duyduğunu başkasına söyleyecek kişiler bile bulmak mümkün değildi. Ancak sokağın karşı tarafında duran bu yabancı, sanki hiç şaşırmamışçasına bana cevap verdi: "Sola dön ve turunç bahçelerine gelene kadar devam et, orada bir bina var. Orada Kabala öğretiyorlar."

Tarif edilen yere geldiğimizde karanlık bir bina bulduk. İçeriye girdiğimizde yan bir odada uzun bir masa gördük. Masada dört beş tane uzun ak sakallı adam vardı. Kendimi tanıttım ve Rehovot'tan geldiğimizi söyleyip Kabala çalışmak istediğimizi ekledim. Masanın başında oturan yaşlı adam bizi katılmaya davet etti ve ders bittikten sonra konuşuruz dedi.

Sonra ders Zohar Kitabı'ndan Sulam tefsiriyle bir bölüm okuyarak, yarı Aşkenazi (Yidiş) dili mırıldanarak ve sadece yarı bakışlarla insanların birbirlerini anladığı bir ortamda devam etti.

Bu insanları görüp dinledikten sonra sadece yaşlılıklarını geçirmek için bir araya gelen bir grup adam sandım, henüz akşam fazla geç değildi ve Kabala çalışabileceğimiz bir yer daha bulmak için zamanımız vardı. Ama arkadaşım beni durdurdu ve bu kadar kaba davranmamın uygun olmadığını söyledi. Birkaç dakika sonra da ders sona ermişti ve yaşlı adam kim olduğumuzu öğrendikten sonra telefon numaralarımızı istedi. Bizim için uygun bir hocanın kim olabileceğini düşünüp haber vereceğini söyledi. Bunun da çabamızı daha önceleri gibi boşa harcamaktan başka bir şey olmayacağını düşündüğümden telefon numaramı vermekte biraz çekingendim. Benim tereddüdümü hisseden arkadaşım kendi numarasını verdi. Ve iyi akşamlar diyerek oradan ayrıldık.

Ertesi akşam arkadaşım evime geldi ve yaşlı adamın kendisini arayıp bize bir hoca ayarladığını ve hatta ilk dersin o akşam olduğunu söyledi. Bir geceyi tekrar boşa geçirmek istemiyordum ama arkadaşımın arzusuna boyun eğdim.

Tekrar oraya gittik. Yaşlı adam bir başkasını çağırdı, kendisinden biraz daha genç fakat onun gibi beyaz sakallı biri; genç adama Yidiş dilinde birkaç kelime söyledi ve ayrılarak bizi yalnız bıraktı. Hocamız hemen oturup çalışmaya başlayalım dedi. Bir makale ile başlamayı tavsiye etti "Kabala'ya Giriş"; ben ve arkadaşım bu makaleyi daha önce defalarca anlamaya çalışmıştık.

Boş odadaki masalardan birine oturduk. Bizlere her paragrafı açıklayarak tek tek okumaya başladı. O anı hatırlamak benim için her zaman çok zordur; yıllarca arayıp da hiçbir yerde bulamadıktan sonra sonunda aradığımı bulduğuma dair keskin bir his vardı içimde. Dersin sonunda bir sonraki gün için ders ayarladık.

Ertesi gün bir kayıt cihazıyla geldim. Esas derslerin her sabah saat 3 ile 6 arasında olduğunu öğrendikten sonra, her gece gelmeye başladık. Ayrıca her ay yeni ayı kutlama yemeklerine de katılmaya başladık ve herkes gibi merkezin masraflarına katkıda bulunup aylık ödemelerimizi yapmaya başladık.

Her şeyi ille de kendim keşfedeceğim arzusuyla genellikle de biraz agresif olarak sık sık tartışmalara girdim. Ve bizlerle olan tüm olaylar grubun hocasına hep gidiyordu ve o da bizler hakkında sürekli soru soruyormuş. Bir gün bizim hocamız sabah dersinden sonra saat 7 gibi grubun büyük hocasının benimle "Zohar Kitabı'na Giriş" kitabını çalışabileceğini söyledi. Ancak, birkaç ders sonra benim bu derslerden hiçbir şey anlamadığımı görünce, kendi hocam aracılığıyla bu derslerin durdurulacağını söyledi.

Hiçbir şey anlamamama rağmen onunla çalışmaya devam etmeye razıydım. İçsel anlamlarına inebilme ihtiyacının dürtüsüyle, sadece mekanik olarak okumaya bile hazırdım. Çok alınmama rağmen zamanımın gelmediğini bilmiş olsa gerek ki dersleri sona erdirdi.

Aradan altı yedi ay geçti ve bizim hocamız vasıtasıyla büyük hocamız onu arabamla doktora götürüp götüremeyeceğimi sormuş. Elbette hemen kabul ettim. Yolda bana bir çok konudan bahsetti. Ben ise ona Kabala ile ilgili sorular sormaya çalışıyordum. Ve o yolculukta bana, şu an ben hiçbir şey anlamıyorken benimle her şeyden konuşabileceğini ama gelecekte anlamaya başladıkça benimle bu kadar açık konuşmayacağını söyledi.

Ve aynen söylediği gibi oldu. Yıllarca sorularıma cevap vermedi bana şöyle derdi "Kimden talep edeceğini biliyorsun" yani Yaradan'dan bahsediyordu, "talep et, sor, yalvar, iste, ne istiyorsan yap, her şeyi O'na yönlendir ve her şeyi O'ndan talep et!"

Doktor ziyaretlerimiz pek bir işe yaramadı ve kendisini kulak iltihabından koca bir ay hastaneye yatırmak zorunda kaldık. Bu zamana kadar hocamı bir çok kez doktora götürdüm; ve hastaneye alındığı gün geceyi onun yanında geçirmeye karar verdim. Tüm bir ay boyunca hastaneye sabah 4'de gelir, telleri tırmanır, görünmeden binaya girerdim ve çalışmaya başlardık. Tüm bir ay boyunca! O zamandan sonra Kabalist Baruh Şalom Halevi Aşlag, Baal HaSulam'ın en büyük oğlu, benim hocam oldu.

Hastaneden ayrıldıktan sonra, sık sık parklara uzun yürüyüşlere gittik. Bu yürüyüşlerden döndükten sonra duyduğum her şeyi harıl harıl yazardım. Bu sık yürüyüşler her gün üç dört saat sürerdi ve zaman içinde alışkanlık oldu.

İlk iki yıl boyunca hocama sürekli daha yakına taşınabilir miyim diye sordum, ama yakında oturmamın bir gereklilik olmadığını hatta Rehovot'a gidiş gelişlerimin manevi çalışma açısından çaba olduğunu söyledi. Ancak, iki yıl sonra hocam yakına taşınmamı ve Bney-Barak'ta yaşamamı kendisi tavsiye etti ve nedendir bilinmez pek bir acelem yoktu. O kadar yavaş hareket ediyordum ki bu konuda, hocam gidip benim için kendisine yakın bir apartman dairesi buldu ve taşınmamı söyledi.

Hâlâ Rehovot'ta yaşarken hocama daha önce katıldığım bir merkezde Kabala çalışmaya teşebbüs eden birkaç kişiye ders verebilir miyim diye sordum. Bu haberi fazla heyecanlı karşılamasa da daha sonraları derslerimin nasıl gittiğini sordu. Kendisine Bney-Barak'taki grubumuza yeni kişileri davet edebileceğimi söylediğim zaman kabul etti.

Sonuç olarak bir çok genç erkek grubumuza katıldı ve birden tüm merkez cıvıl cıvıl hayat dolu bir yer oldu. İlk altı ayda yaklaşık on kadar düğün oldu. Hocamın hayatı ve günleri sanki yeni bir anlam kazanmıştı. Birçok insanın Kabala çalışmak istediğini görmesi kendisini çok memnun etmişti.

Günümüz genellikle sabah saat 3'de başlardı ve sabah saat 6'ya kadar çalışırdık. Her gün sabah saat 9'dan 12'ye kadar parka yürüyüşe ya da denize giderdik.

Döndükten sonra ben evime çalışmaya giderdim. Sonra tekrar eve giderdim ve sabah saat 3'de tekrar derse katılırdım. Bu şekilde yıllarca devam ettik. Tüm dersleri kasete kayıt ederdim, derslerin kayıtları bini geçti.

Son beş yılımızda, 1987'den itibaren, hocam beraber Tiberias'a yolculuk etmemizin iyi olacağını söyledi ve her iki haftada bir iki günlüğüne Tiberias'a giderdik. Bizi herkesten ayıran bu geziler aramızda bir yakınlaşmaya sebep oldu. Ama zamanla aramızdaki manevi algılayışın farkından kaynaklanan mesafe içimde giderek büyümeye başladı ve bu mesafeyi nasıl kapatacağımı bir türlü bilemedim. Bu mesafeyi, o yaşlı adamın her defasında fiziksel bir ihtiyacı nasıl geri çevirerek mutlu olduğunu net olarak algılayabildiğimde görebiliyordum.

Onun için sonucun net olduğu bir şey kanundu, ister yorgun olsun ister hasta günlük çalışma programı son derece disiplinli uygulanıyordu. Yorgunluktan yığılacak bile olsa günün gerekli olan tüm planını her detayıyla eksiksiz yerine getirirdi ve üstlendiği hiçbir şeyi tam halletmeden bırakmazdı. Yorgunluktan nefessiz kalıp, nefes darlığı çekmesine rağmen bir dersini bile atlatmaz, sorumluluğunu hiçbir zaman bir başkasına devretmezdi.

Onun bu olağanüstü gücünün, amacının yüceliğinden ve Yaradan'dan geldiğini bilmeme rağmen, onu sürekli böyle gördüğümde kendime olan güvenim sarsılır ve başarılı olma ihtimalimin olmadığını düşünürdüm.

Onunla T'veria ve Meron dağına yaptığımız gezilerin bir anını bile unutmam mümkün değil. Uzun geceler onun karşısında oturur, bakışlarını, sözlerini ve mırıldandığı şarkıları içime alırdım. Bu hatıralar içimde hâlâ yaşıyor ve bugün bile benim yolumu belirleyip rehberlik ediyorlar. On iki yıl boyunca her gün bire bir çalışmamızdan içimde kalan tüm bilgi, bağımsız olarak yaşıyor ve işliyor.

Sık sık hocam bir konuşmasından sonra çok alakasız bir cümle söylerdi ve bunu bu cümlelerin dünyaya girip yaşaması ve işlevlerini yerine getirdiğinden emin olmak için yaptığını söylerdi.

Grup çalışması Kabalistler tarafından çok eski zamanlardan beri yapılmaktadır ve ben de hocamdan yeni gelenlerden böyle gruplar oluşturmasını ve bu grupların bir araya gelmelerini düzenleyecek yazılı bir plan talep ettim. Bu şekilde haftalık makale yazmaya başladı ve hayatının son günlerine kadar da devam etti.

Sonuç olarak bizlere kendisinden sonra bir araya getirdiğimiz bir çok ciltlik muazzam materyal kaldı ve yıllar boyunca biriktirdiğim kayıtlarla birlikte, Kabala ilmi üzerine çok geniş kapsamlı anlatımlar oluşturduk.

Yeni yıl kutlamaları esnasında, hocam aniden göğsündeki bir baskıdan dolayı rahatsızlandı. Ancak çok yoğun ısrardan sonra tıbbi bakıma girdi. Doktorlar kendisinde hiçbir hastalık ya da rahatsızlık bulamadılar, ama Tişrei ayının beşinci gününde 5752 (1991) yılında vefat etti.

Son yıllarda gruba katılan bir çok öğrenci hâlâ Kabala çalışmaya devam etmekte ve yaratılışın içsel anlamını araştırmaktadır. Öğreti yaşamaya devam etmektedir, tıpkı geçmiş yüz yıllarda olduğu gibi. Kabalist Yehuda Aşlag ve onun büyük oğlu, hocam Kabalist Baruh Aşlag, çabalarıyla bu öğretiyi bizim neslimizin ve zamanımızda dünyamıza inen ruhların ihtiyacına göre uyarladılar.

Manevi bilgi Kabaliste Yukarıdan kelimeler olmadan aktarılır ve tüm duyu organları ve akıl tarafından eş zamanlı algılanır. Dolayısıyla, bütünüyle anında algılanır.

Bu bilgi sadece bir Kabalistten, ya aynı ya da daha Üst Seviyedeki bir başka Kabaliste aktarılabilir. Aynı bilgiyi henüz o manevi seviyeye ya da manevi dünyaya gelmemiş bir insana aktarmak mümkün değildir, çünkü bu kişi gerekli algıdan yoksundur.

Bazen bir hoca kendi perdesiyle (Masah) öğrencisini geçici olarak kendi bulunduğu manevi seviyeye çekebilir. Bu durumda, öğrenci manevi güçlerin ve hareketlerin özüyle ilgili bir nosyon edinebilir.

Manevi dünyaya henüz geçmemiş bir kişi için standart bilgi aktarım yöntemleri uygulanır: yazılar, sözlü anlatım, direkt iletişim, kişisel örnek vs.

"Yaradan'ın İsimleri" adlı makaleden de bildiğimiz gibi harflerin tarifi anlamının ötesinde bir şey, yani içsel manevi mesajı aktarmak için kullanılabilir. Ancak kişi manevi anlamlarına tekabül eden algıları edinmediği sürece, kelimeleri okumak masaya boş tabaklar koymak ve yanlarına güzel yemeklerin isimlerini yazmak gibidir.

Müzik daha soyut bir şekilde bilgi aktarmaktadır. Bizim dünyamızı yöneten ve yedi kısımdan ya da Sefirot'tan oluşan manevi varlık "Atsilut'un Partsuf Zer Anpin'i" gerçeğinin ışığı altında, tıpkı görünebilen bir ışık gibi, yedi temel güç -nitelik- tondadır.

Bulunduğu duruma göre, kişi müziği besteleyen Kabalistin manevi koşullarını çıkarabilir. Bu kişi melodiyi oluşturan Kabalistle aynı seviyede olmak zorunda değildir; içsel manasını kişisel manevi derecesinin mümkün kıldığı kadarıyla kavrayabilir.

1996, 1998 ve 2000 yıllarında Baal HaSulam ve Rabaş'a ait üç müzik diski kaydedilmiş ve çıkartılmıştır. Melodiler Kabalist Laitman'ın hocası Kabalist Aşlag'dan duyduğu şekilde sunulmuştur. Sözlere ek olarak, melodilerin sesleri de bir çok Kabalistik bilgi taşımaktadır.

Kabala Bilimi - Herkes İçin Manevi İlim Kitabı

Çağımızın büyük Kabalistlerinden Yehuda Aşlag ve onun oğlu ve varisi Baruh Şalom Aşlag, yaşamın temel sorusuna cevap getirir: Hayatımın anlamı ne? Zohar ve Yaşam Ağacı kitaplarının yorumlarına dayandırılan bu kitapla günlük yaşamda Kabala ilminden nasıl faydalanacağımızı öğreniriz. Büyük Kabalistlerin otantik metinlerine ilave olarak, bu kitap, bu metinlerin anlaşılmasını sağlayan pek çok yardımcı makaleyle birlikte, Kabalistlerin deneyimlediği Üst Dünyaların evrimini betimleyen çizimlerden oluşur.

Kabala Bilimi kitabında, Baruh Aşlag'ın kişisel asistanı ve baş öğrencisi Michael Laitman, manevi dünyaları edinmeyi amaçlayan Kabala öğrencileri için kadim makaleleri uyarlamıştır. Laitman günlük derslerini bu ilham verici makalelere dayandırarak, Üst Alemlere muhteşem yolculuğumuzda izleyeceğimiz manevi yolu daha iyi anlamamız için bizlere yardımcı olur.

Merdivenin Sahibi

İnsanlık tarihinin en yıkıcı çağının şafağında, 20. yüzyılda, gizemli bir adam insanlık ve onun acılarının alışılmadık çözümüyle, sosyo-politik arenada ortaya çıktı. Kabalist Yehuda Ashlag, yazılarında açıklıkla ve tüm detaylarıyla öngördüğü savaşları, karışıklıkları ve daha çarpıcı olarak da bugün yüz yüze kaldığımız ekonomik, politik ve sosyal krizi anlattı. Birleşmiş bir insanlık için duyduğu derin özlem, onu Zohar Kitabını açmaya -ondaki eşsiz gücü- herkes için ulaşılabilir yapmaya zorladı.

Kabalist, kabala, maneviyat, özgür seçim ve realitenin algısıyla ilgili bildiğinizi düşündüğünüz her şeye arkasını dönen, sinematik bir romandır. En yüksek edinim derecesine ulaşmış, tüm realiteye hükmeden tek güçle direkt temas içindeki insanın, hissiyatını ve içsel çalışmasını aktarmaya çalışan kendi türündeki ilk romanıdır.

Kabalist, bilimsel bir açıklık ve şiirsel bir derinlikle birlik mesajı verir. Dinin, milliyetin, mistisizmin, uzay ve zamanın şeffaf yapısının ötesine geçerek, bize tüm insanlıkla beraber doğayla ahenk içinde olduğumuzda, tek mucizenin içimizdeki mucize olduğunu gösterir. Bize hepimizin Kabalist olabileceğini gösterir.

Ölümsüz Kitabın Sırları

Musa'nın beş kitabı, tüm zamanların en çok satan kitabı Tora'nın parçasıdır. Bu şekliyle Tora, şifreli bir metindir. Masalların ve efsanelerin altında, insanlığın en yüksek seviyeye doğru yükselişini— Yaradan'ın edinimi- anlatan bir alt metin saklıdır.

Ölümsüz Kitabın Sırları, Tora'nın Yaratılış ve İsrail Halkının Mısır'dan sürgünü hikayeleri gibi en gizemli ve sıklıkla alıntı yapılan dönemlerinin şifresini çözer. Yazarın enerjik ve kolay anlaşılır üslubu, insanın kendi dünyasını sadece arzu ve niyetle değiştirebildiği realitenin en derin seviyelerine, mükemmel bir giriş yapmanızı sağlar.

Kitabı okurken Tora'da anlatıldığı gibi olmuş veya olmamış fiziksel olayların seviyesinin ötesine geçiş yapacaksınız. İçinizde Firavun, Musa, Adem, Havva, hatta Habil ve Kabil'in olduğunu keşfedeceksiniz. Onların hepsi sizin bir parçanız. Onları içinizde keşfettikçe ve Ölümsüz Sevgiye, Yaradan'ın edinimine doğru ilerledikçe, bu gizli realitenin muhteşem hazineleriyle bizi ödüllendiren Yaradan'ın sonsuz sevgisini de keşfedeceksiniz.

Kişisel Çıkar Özgeciliğe Karşı

Bu kelimelerin yazıldığı zaman, dünya hala İkinci Dünya Savaşından beri en uzun gerileme sürecini geçiriyor. Tüm dünyada on milyonlarca insan, işlerini, birikimlerini, evlerini ve en önemlisi gelecekleri için olan ümitlerini kaybettiler.

Ancak krizler tarih boyunca sürekli olağandı. Bu krizi geçmiş krizlere kıyasla farklı kılan insanoğlunun şu anki gerginliğinin yapısıdır. Toplumumuz çatışma içeren iki uç noktaya doğru çekilmiştir – bir taraftan globalleşme ile gelen bağımlılık ve öteki taraftan da giderek büyüyen kişisel, sosyal ve politik narsizm. Bu koşul dünyanın daha önce hiç görmediği bir felaketin oluşumu!

Bu karanlık geleceğin önüne geçebilmek için, Kişisel Çıkar Özgeciliğe Karşı, bu dönemde dünyanın önünde bulunan sorunlarına yeni bir perspektif getirerek, insanoğlunun bir dizi hatasına bağlamaktansa, gereklilikten büyüyen egoizminin sonucu olarak değerlendirmektedir. Bu anlayışla, kitap egomuzu bastırmak yerine, toplumun iyiliği için kullanmanın gerekliliğini dile getirmektedir.

Kabala ve Bilim

Prof. Michael Laitman eşsiz ve etkileyici bir kişilik: Kabala ve bilimin sentezini anlaşılır bir şekilde gerçekleştiren yetenekli bir bilimadamı

—Daniel Matt, Tanrı ve Big Bang kitabının yazarı: Bilim, maneviyat ve Zohar arasındaki harmoniyi keşfetmek.

Bu gezegendeki geleceğimiz için kritik tercihler yapacağımız bir dönemde, kadim Kabala bilgeliği seçeneklerimizi hem arttırdı hem de yeniledi. Klasik kutsal yazılarda yer alan bilgelik, yüzleşmekte olduğumuz ve önümüze açılan fırsatları taşıyabilmemiz için getirilmeli ve bu mesaj tüm dünyada tüm insanlara ulaşılabilir yapılmalı. Prof. Michael Laitman, diğerlerinden farklı olarak bu çok önemli meydan okumayı başarmaya ve bu tarihi görevi yerine getirmeye yetecek güçtedir.

—Prof. Ervin Laszlo, Kaos Noktası, Bilim ve Akaşik Alan kitabı da dahil 72 kitabın yazar : Herşeyin Birleşik Teorisi

Kadın ve Kabala

Bir arzu sonucu ortaya çıkanı ellerinizde tutuyorsunuz. Birçok kadın bir araya gelerek, yeni gelen bütün kadınlara Kabala çalışmasında yardımcı olabilmek için bu kitapçık üzerinde çalıştı. Toplanan soruların tümü Bney Baruh Kabala Eğitim Merkezine yeni başlamış olan kadın öğrencilerin sordukları sorulardan olulmaktadır. Cevaplar Dr. Laitman'ın kitaplarından, derslerinden ve konuşmalarından alınmıştır. Sorulan sorular bizim maneviyatı edinmek isteme ihtiyacımızdan ortaya çıkmıştır: bizler buna açız, kalplerimiz bunun ağırlığında haykırıyor. Bizler kendimizi her şeyi yapabilecek duruma hazır, amaca doğru erkeklerimizi desteklemeye hazır buluyoruz.

Dr. Laitman bize der ki: "Kadınların karşılıklı sorumluluk hissiyatı içerisinde erkekleri uyandırmak ve onları bir araya getirmek için bağ kurmaları gerekir ki, erkekler birbirleri ile bağ kursunlar ve bu birlik sayesinde maneviyata erişsinler. Daha sonra erkekler arasındaki bu bağ ve karşılıklı sorumluluk sayesinde maneviyat kadınlara da geçecektir. Bunun sonucunda herkes bir bütün olacaktır –ulusun erkek ve dişi parçası veya bütün insanlığın."

Işığın Tadı

"Bu nesilde bulunduğum için mutluyum zira artık Kabala Bilgeliğini yaymak mümkün."

Kabalist Yehuda Aşlag – Baal HaSulam

Binlerce yılın sonunda gizli olan Kabala Bilgeliği bizim neslimizde ifşa olmaya başladı. "Işığın Tadı" adlı bu kitap bilgeliğin üzerine bir pencere açmakta. Kitap, günümüzün her bireyi için ilk defa duygularında tadacağı bir lezzet ve kalplerinde yoğun bir anlayış sağlayacaktır.

Bu kitap neslimizin en yüce kabalisti Dr. Michael Laitman'ın her sabah verdiği canlı derslerden derlenmiştir.

Kabalanın Sesi

Bizim neslimizin en sonuncusu olan Büyük Kabalist Baruh Aşlag'ın öğrencisi ve kişisel asistanı olmak benim için çok büyük bir ayrıcalıktır. Basitçe söylemek gerekirse, tüm içtenlik ve sevgimle ondan öğrendiklerimi okuyucularla paylaşmaktan çok mutlu olacağım.

Dr. Michael Laitman

Kabala'nin Sesi, Kabala makalelerinden seçilerek ve derlenerek hazırlanmış olup, bu otantik bilgeliğin zengin ve tam bir mozaiğini meydana getiren on bölümden oluşmaktadır.

Bir Demet Başak Gibi

Neden Birlik ve Karşılıklı Sorumluluk Bu Zamanın Çağrısıdır

Bu kitap, bazı Yahudilerin en ürkütücü ve gizemli sorularına ışık tutar: Bu gezegendeki rolümüz nedir? Bizler gerçekten "seçilmiş insanlar mıyız?" Eğer öyle isek, ne için seçildik? Anti-Semitizme neden olan nedir ve bu iyileştirilebilir mi?

Tüm zamanların Yahudi tarihçileri ve bilgelerinin sayısız referansının kullanıldığı bu kitap, Yahudilerin ulaşmak istediği ama bir o kadarda tanımlaması zor hedefini yerine getirmek için bir yol haritası sunar: sosyal bağlılık ve birlik. Gerçekte birlik, yalnızca Yahudilerin bunu sabırsızlıkla bekleyen dünyaya vereceği bir hediyedir.

Birlik olduğumuzda ve bunu tüm dünyayla paylaştığımızda huzur, kardeş sevgisi ve mutluluk tüm dünyada sonsuza kadar hüküm sürer.

Kabalaya Uyanış

Dünyanız değişmeye hazır. Bu neslin en büyük Kabalistinin rehberliğinde sizde bunu gerçekleştirin. Micheal Laitman, Kabalayı Yaradan'a yaklaşmayı sağlayan bir bilim olarak görür. Kabala yaratılış sistemini, Yaradan'ın bu sistemi nasıl yönettiğini ve yaratılışın bu seviyeye nasıl yükseleceğini çalışır. Kabala manevi doyuma ulaşma metodudur. Kabala çalışması ile siz de kalbinizi ve sonuç olarak yaşamınız başarıya, huzura ve mutluluğa doğru nasıl yönlendireceğinizi öğrenirsiniz.

Kadim ilim geleneğine bu farklı, özel ve hayranlık uyandıran girişiyle büyük Kabalist Baruh Aşlag (Rabaş)'ın öğrencisi Laitman bu kitapta, size Kabalanın temel öğretilerinin derin anlayışını ve bu ilmi başkalarıyla ve etrafınızdaki dünyayla ilişkilerinizi netleştirmek için nasıl kullanacağınızı anlatır. Hem bilimsel hem de şiirsel bir dil kullanarak, maneviyatın ve varoluşun en önemli sorularını araştırır:

Hayatımın anlamı ne? Neden dünyada keder var? Reenkarnasyon manevi yaşamın bir parçası mı? Mümkün olan en iyi varoluş aşamasını nasıl edinebilirim?

Bu eşsiz rehber, dünyanın ötesini ve günlük hayatın sınırlamalarını görmeniz, Yaradan'a yaklaşmanız ve ruhun derinliklerine ulaşmanız için size ilham verecek.

Erdemliliğin Yolu

Bugün Kabala Bilgeliğinin insanlığa bir mesajı var:

Günümüzün sorunlarını ancak birlik ve beraberlikle çözüme ulaştırabiliriz. Problemler raslantısal değil, onları gözardı etmemeliyiz. Dahası, oluşan durumu doğru bir biçimde değerlendirebilirsek hayatımız yeni, mutluluk ve sükunet dolu bir yöne akmaya başlayacaktır. Gelişi güzel değil, gayet bilinçli bir şekilde yaşamımıza yön verebiliriz.

Üst Dünyaları Edinmek

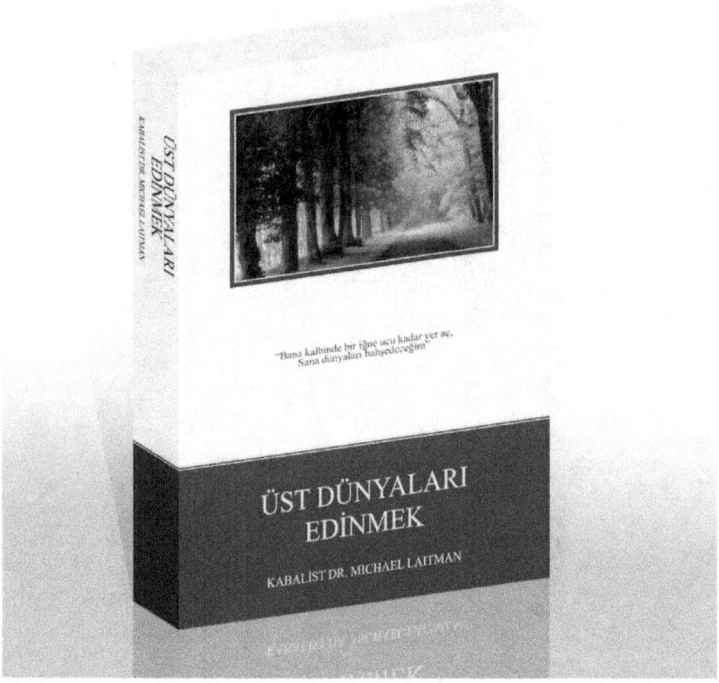

Micheal Laitman'ın sözleriyle, "Özü tam bir özgecilik ve sevgi olan manevi nitelikleri anlamak, insan idrakinin ötesindedir. Bunun sebebi insanoğlunun bu tip hislerin var olabileceğini kavrayamaması ve herhangi bir eylemi yerine getirmek için teşvik bekleyip, kişisel kazanç olmadan kendini büyütmeye hazır olmamasından kaynaklanmaktadır. Bu sebeple özgecilik gibi bir nitelik, insana Üstten verilir ve sadece deneyimleyenler bunu anlayabilir."

Üst Dünyaları Edinmek, yaşamımızda manevi yükselişin muhteşem doyumunu keşfetmemize olanak sağlayan ilk adımdır. Bu kitap, sorularına cevap arayan ve dünya fenomenini anlamak için güvenilir ve akılcı bir yol arayan tüm insanlar içindir. Kabala ilmine bu muhteşem giriş, aklı aydınlatacak, kalbi canlandıracak ve okuyucuyu ruhunun derinliklerine götürecek olan farkındalığı sağlar.

Zoharın Kilidini Açmak

Zohar Kitabı(Aydınlığın Kitabı), şimdiye kadar yazılmış en gizemli ve yanlış anlaşılan yapıtlardan biridir. Yıllar boyunca kendinde uyandırdığı hayranlık, şaşkınlık ve hatta korku emsalsizdir. Bu kitap tüm Yaratılışın sırlarını içermesine rağmen, bugüne kadar bu sırların üzeri bir gizem bulutuyla örtülmüştür.

Şimdi Zohar, insanlığa yol göstermek için ilmini tüm dünyanın gözleri önüne sermektedir, şöyle yazıldığı gibi (VaYera, madde 460), "Mesih'in günleri yaklaştıkça, çocuklar bile ilmin sırlarını keşfedecek." 20. Yüzyılın büyük Kabalistlerinden Yehuda Aşlag (1884-1954), bize Zohar'ın sırlarını açığa çıkaracak yepyeni bir yol göstermiştir. Bu yüce Kabalist, yaşamlarımıza hükmeden güçleri bilmemize yardım edecek ve kaderimize nasıl hükmedeceğimizi öğretecek, Zohar Kitabına giriş niteliğindeki dört kitabı ve Sulam (Merdiven) Tefsirini yazmıştır.

Zohar'ın Kilidini Açmak, üst dünyalara nihai yolculuğun davetiyesidir. Kabalist Dr. Michael Laitman, bilgece bizi Sulam Tefsirinin ifşasına götürür. Bu şekilde Laitman, düşüncelerimizi düzenlemekte ve kitabı okumaktan kaynaklanan manevi kazancımızı arttırmaktadır. Zohar Kitabıyla ilgili açıklamaların yanı sıra kitap, bu güçlü metnin kolay anlaşılması ve okunmasını sağlayan, özenle çevrilmiş ve derlenmiş Zohar kaynaklı sayısız ilham verici alıntıya da yer vermiştir.

Kalpteki Nokta

Hayatın elimizden kayıp gittiğini hissettiğimizde, toparlanmak için zamana ihtiyacınız olduğunda ve düşüncelerinizle baş başa kalmak istediğinizde, bu kitap içinizdeki pusulayı yeniden keşfetmenize yardım edecek. Kalpteki Nokta, ilmi sayesinde tüm dünyada ve Kuzey Amerika'da kendini ona adamış öğrenciler kazanmış bu insanın makalelerinden oluşan eşsiz bir kitaptır. Dr. Michael Laitman bir bilim adamı, Kabalist ve büyük saygı uyandırarak kadim ilmi temsil eden büyük bir düşünürdür. Bu fırtınalı günlerde popüler www.kabbalah.info sitesi vasıtasıyla, gerçeği ve sonsuz huzuru arayanlar için umut ışığı olmaktadır.

Açık Kitap

Bu kitap çok temel görünse de, Kabala'nın temel bilgisini ifade eden bir kitap olma niyetini taşımıyor. Daha ziyade, okuyucuların Kabala kavramlarına, manevi nesnelere ve manevi terimlere yaklaşımını ilerletmeye yardım içindir.

Kişi bu kitabı defalarca okuyarak içsel görüş ve duyu geliştirir ve daha önce içinde var olmayana yaklaşır. Bu yeni edinilen görüşler, sıradan duyularımızdan gizlenmiş olan boşluğu hisseden algılayıcılar gibidirler.

Dolayısıyla, bu kitap manevi terimlerin düşüncesini geliştirmeye yardım amaçlıdır. Bu terimlerle bütünleştiğimiz ölçüde, tıpkı bir sisin kalktığı gibi, etrafımızı saran manevi yapının ortaya çıkışını içsel gücümüzle görmeye başlayabiliriz.

Yine, bu kitap olguların çalışılmasını hedeflememiştir. Bunun yerine, yeni başlayanların sahip oldukları en derin ve en güç algılanan hisleri uyandırmak için yazılmış bir kitaptır.

Dost Sevgisi

Grubun Amacı

Burada, Baal HaSulam'ın yolunu ve metodunu takip etmek isteyen herkes, bir grup olmak için bir araya geldik ki hayvan olarak kalmayalım ve insan denilen varlığın derecelerinde yükselelim.

Rabaş'ın Yazıları, 1. Bölüm, "Topluluğun Amacı"

Erdemliliğin İncileri

Erdemliğin İncileri, tüm nesillerin büyük Kabalistlerinin yazılarından, makalelerinden özellikle de Zohar Kitabının Sulam(Merdiven) Tefsirinin yazarı Yehuda Aşlag'dan derlenen alıntılardan oluşur. Bu yapıt, kaynağı referans alarak, insan yaşamının her aşamasıyla ilgili Kabalanın yenilikçi kavramlarını açıklar. Kabala çalışmak isteyen herkes için eşsiz bir hediyedir.

İlişkiler

"Bilim ve kültürün gelişiminin yanı sıra, her nesil kendinden sonra gelen nesle, biriktirdiği ortak insanlık tecrübesini aktarır. Bu bellek bir nesilden diğerine, çürümüş bir tohumun enerjisinin yeni bir filize geçmesi gibi geçer. Belleğin aktarımında var olan tek şey, Reşimo veya enerjidir. Maddenin çürümesi gibi, insan bedeni de çürür ve tüm bilgi yükselen ruha aktarılır. Daha sonra bu ruh yeni bedene yerleşir ve bu bilgiyi veya Reşimo"yu hatırlar.

Genç bir çiftin çocuğunun dünyaya gelişinde tohumdan gelen bilgiyle, ölmüş bir insanın ruhunun yeni bir bedene geçerken beraberinde getirdiği bilgi, arasındaki fark nedir? Neticede anne ve baba hayatta ve çocukları da onlarla beraber yaşıyor! Hangi ruhlar, onların çocukları oldu?

Yüzyıllar boyunca tüm uluslar, doğal olarak sahip oldukları tüm bilgiyi miras yoluyla çocuklarına geçirmek için büyük bir arzu duydular. Onlara en iyi ve en değerli olanı aktarmak istediler. Bunu aktarmanın en iyi yolu yetiştirme tarzı, bilgiyi öğretmek, kutsal olduğu düşünülen fiziksel eylemler yöntemi ile düzenli toplum oluşturmaya çalışmak değildir.

Kabalanın Temel Kavramları

Bu kitabı okuyarak kişi daha önce var olmayan içsel alametler geliştirir.

Bu kitap, manevi terimlerin analizini hedefler. Bu terimlere uyumlu olmaya başladıkça, etrafımızı saran manevi yapının tıpkı bir sisin kaybolmaya başlaması gibi örtüsünü açmaya başladığına tanık oluruz.

Kabala kitapları, Baal HaSulam'ın dünyayı kötülüklerden kurtarmanın sadece ıslah metodunu yaymaya bağlı olduğunu belirten yönlendirmelerini izlemeyi amaçlamıştır, tıpkı şöyle dediği gibi, "Eğer gizli olan ilmi kitlelere nasıl yayacağımızı bilirsek, kurtuluşun tam eşiğindeki bir nesil oluruz."

Bu gerçekleştirmenin tek yolu olan Kabala kitaplarını tüm dünyayla paylaşmak olduğunu biliyoruz. Bu sebeple tüm bu kitapları internette ücretsiz olarak yayınlıyoruz. Amacımız her köşeye bu ilmi mümkün olduğunca yaymaktır. Basılmış kitapları pek çok insana ulaştırabilir, onlar vasıtasıyla ilmin başkalarına yayılmasına yardım edebilirsiniz.

Kabalanın İfşası

Kabalaya gizli ilim denilmesinin 3 nedeni vardır. Birincisi kabalistler tarafından özellikle gizlenilmiş olduğundan. Kabalanın insanlara öğretilmesi ilk 4000 yıl kadar öncelerine Hazreti İbrahim'e dayanmaktadır MÖ 1947-1948 yıllarına. Milat tarihinin başlangıcına kadar geçen 2000 yıllık süreçte bu öğreti gizlenmeden halka öğretilmekteydi. Hz İbrahim'in çadırının önünde oturup geçen yolculara gösterdiği misafirperverlik hikâyesini biliyoruz. Sunduğu yiyecek ve içeceklerle birlikte aynı zamanda insanlara bu ilmi anlattığını da biliyoruz. O dönemlerde var olan ruhlar bizim neslimize göre daha arıydılar ve bu öğretiyi daha doğal olarak anlayabildiler.

Kabalanın Gizli Bilgeliği

Artan krizler dünyasında, fırtınanın ortasında bir ışığa, yanlış giden şeylerin nereden kaynaklandığını görmemizi sağlayan ve en önemlisi de dünyamızı ve yaşamlarımızı daha huzurlu ve yaşanabilir kılmak için ne yapmamız gerektiğini öğreten bir rehbere ihtiyacımız var. Bu temel ihtiyaçlar sebebiyle bugün Kabala ilmi milyonlara ifşa olmuştur. Kabala, yaşamı geliştirme metodu olarak düzenlenmiştir. Kabala bir araç ve Kabala İlminin Gizli Bilgeliği bu aracı nasıl kullanacağımızı öğreten bir yöntemdir. Bu rehber, bu kadim bilimi günlük yaşantımıza uyarlamanın yanı sıra, Kabalanın temellerini öğrenmek için ihtiyacınız olan bilgiyi bize sunar.

Kaostan Ahenge

Kaostan Ahenge: Kabala İlmine Göre Küresel Krizin Çözümü, dünyanın bugün içinde bulunduğu endişe verici aşamasına yol açan unsurları açığa çıkarır.

Birçok araştırmacı ve bilim adamının hemfikir olduğu gibi, insanoğlunun sorunlarının kaynağı insan egosudur. Laitman'nın çığır açan yeni kitabı sadece insanlık tarihi boyunca tüm acıların kaynağı olan egonun ifşasını değil, aynı zamanda egolarımıza bağlı olarak, mutluluğa nasıl ulaşacağımızı ve sorunlarımızı nasıl fırsata dönüştüreceğimizi de açıklığa kavuşturur. Kitap iki bölümden oluşur. İlki, insan ruhunun analizi yaparak, ruhun nasıl egonun zehri olduğunu ortaya koyar. Bu kitap mutlu olmak için yapmamız gerekenlerin ve acıya sebep olduğu için kaçınmamız gerekenlerin bir haritasını çizer. Kitap boyunca Laitman'ın insanlık aşamasının analizi bilim kaynaklı veriler, çağdaş ve kadim Kabalistlerinden alınan örneklerle desteklenmiştir.

Kaostan Ahenge yeni bir varoluş aşamasına kolektif olarak yükselmemiz gerektiğini ve bu hedefi kişisel, sosyal, ulusal ve uluslararası seviyede nasıl başaracağımızı gösterir.

Niyetler

Derste otururken, sizinle beraber çalışanlar vasıtasıyla uyanan müşterek ruha bağlı olarak içsel değişimleri deneyimlersiniz. Herkes, siz de dahil, hepimizi birleştiren Kaynağa bağlanır... Beraber çalıştıkça hepimiz birbirimize bağlanmaya çalışırız. En önemli şey, herkesin aynı Kaynağa, aynı düşünceye bağlanmasıdır... Sadece bu güç bizi birbirimize bağlar.

Ruh ve Beden

Zamanın başlangıcından beri insan, varoluşun temel sorusuna cevap aramaktadır: Ben kimim, dünyanın ve benim var olmamızın sebebi ne, öldükten sonra bize ne oluyor? Hayatın anlamı ve amacı ile ilgili sorularımız, gündelik hayatın sınamaları ve acıları, küresel bir boyuta ulaştı – neden acı çekmek zorundayız? Bu sorulara cevap olmadığından, mümkün olan her yöne doğru araştırmalar yapılmaktadır.

Kadim inanç sistemleri, şimdilerde moda olan doğu öğretileri, bu arayışın bir parçasıdır. İnsanlık sürekli olarak varlığının akılcı kanıtını aramaktadır; insan binlerce yıldır doğanın kanunlarını araştırmaktadır.

Kabala bir bilim olarak bunun araştırılmasında bir yöntem öneriyor. Bu yöntem, insanın evrenin gizli olan bölümünü hissetme becerisini geliştirmesine olanak tanıyor. "Kabala" kelimesi "almak" demektir ve insanın en yüksek bilgiyi alma ve dünyayı doğru pencereden görme özlemini ifade eder.

Yarının Çocukları

Yarının Çocukları: 21. Yüzyılda Mutlu Çocuklar Yetiştirmenin Temel Esasları, siz ve çocuklarınız için yeni bir başlangıç olacaktır. Yeniden başlat düğmesine basabilmeyi ve bu sefer doğru olanı yapmayı hayal edin. Hiçbir mücadele, hiçbir sıkıntı ve en iyisi, hiçbir tahmin yok.

Büyük keşif şudur ki çocukları yetiştirmek, tamamen oyunlardan, onlarla oynamaktan, onlarla küçük yetişkinlermiş gibi ilişki kurmaktan ve tüm önemli kararları birlikte almaktan ibarettir. Çocuklara dostluk ve diğer insanların iyiliğini düşünmek gibi olumlu şeyleri öğretmekle, nasıl otomatik olarak günlük hayatınızın diğer alanlarını da etkilediğinizi görünce şaşıracaksınız.

Herhangi bir sayfayı açın ve orada, çocukların yaşamlarına ait her alana dair düşünceleri sorgulatan sözler bulacaksınız: ebeveyn – çocuk ilişkileri, dostluklar ve sürtüşmeler, okullar nasıl tasarlanır ve nasıl işler konusunda açık, net bir tablo. Bu kitap, her yerdeki tüm çocukların mutluluğunu amaç edinerek, çocukların nasıl yetiştirileceğine dair taze bir bakış açısı sunuyor.

Sonsuza Kadar Birlikte

Yani, eğer bir gün siz de kalbinizin derinlerinde, hafif bir "Şak!" hissederseniz, bilin ki şefkatli ve bilge bir sihirbaz size sesleniyor, çünkü sizin dostunuz olmak istiyor.

Ne de olsa, yalnız olmak çok üzücü olabilir.

İNTERNET AĞIMIZ

Ana sitemiz:

http://www.kabala.info.tr/

İlk internet sitemiz olup en temel dokümanların yayınlandığı portal sitemizdir. Kabala hakkında Türkçe olarak yayında olan dünyadaki en büyük doküman arşivi olarak kabul edilebilir.

Dr. Michael Laitman'ın Blog Sitesi:

http://laitman.info.tr/

Hocamız Dr. Michael Laitman'ın günlük derslerinden derlediği kısa makalelerinin yayınlandığı blog sitedir.

Bu blog sitesi şu an 19 dilde yayın yapmaktadır ve Türkiye'deki öğrenci ve dostlarımızın katkılarıyla site Türkçe olarak da yayınlanmaktadır.

Dr. Michael Laitman'ın Eğitim Sitesi:

http://michaellaitman.com/tr/

Bu sitede Dr. Michael Laitman'ın uluslararası kamuoyunda dile getirdiği güncel sorunlara yönelik sunumlarını ve bu konularla ilgili uzmanlarla yaptığı söyleşileri takip edebilirsiniz.

Dr. Laitman, eğitim metodoloji ve uygulamaları ile günümüzde eğitimin geçirdiği en sıkıntılı dönemlerde olumlu değişimi desteklemektedir. Eğitime yeni bir yaklaşım sunarak, bağımlı ve integral dünyada yaşamın gereklilikleri için eğitime yeni bir yaklaşım sunmaktadır.

ARI Enstitü Merkezi:

http://ariresearch.org/tr/

ARI Enstitüsü, kâr amacı olmayan bir organizasyon olarak kurulmuştur. Eğitim uygulamalarına, pozitif değişime yaratıcı fikirler ve çözümlerle, şimdiki neslimizin giderek daha çok ihtiyaç duyduğu eğitim konularına kendini adamış bir organizasyondur. ARI, entegre ve birbirine bağlı yeni dünya düzeninin ve kurallarının farkına varılmasını ve küresel yeni dünyada uygulanmasını yeni bir düşünce yaklaşımı olarak sunmaktadır. İletişim ağları, multimedya kaynak ve aktiviteleriyle, ARI uluslararası ve farklı akademik çalışma grupları arasında işbirliğini desteklemektedir.

Kabala İlmi Eğitim Sitemiz:

http://em.kabala.info.tr/

Bu site internet olanakları kullanılarak en geniş kapsamlı eğitimi insanlara sunmak için yapılmıştır. İnternet ortamında bulunan sınıflar ve dünyanın en geniş kapsamlı Kabalistik metinler kütüphanesi gibi hizmetler sunan Bney Baruh'un tüm çabası, sorularınıza cevaplar bulabileceğiniz ve içinde yaşadığımız dünyayı daha iyi anlayabilmenizi sağlayacak olan bir ortam yaratabilme üzerine yoğunlaşmaktadır. Tüm kurslar ücretsizdir.

Media Arşivi:

http://kabbalahmedia.info/

Bu sitemizde yıllardır işlenmekte olan tüm ders, çalıştay ve söyleşi programlarının video ve MP3 arşivine ücretsiz olarak ulaşabilirsiniz.

Kabala TV Sitesi:

http://kabalatv.info/

Her sabah 03:00 – 06:00 arası yapılan canlı dersleri bu sitenin ana sayfasından takip edebilirsiniz. Ayrıca bu sitede Bney Baruh Kabala Eğitim Merkezi'nin Türkçe dilinde düzenlediği tüm video arşivini inceleyebilirsiniz. Bu sitede ayrıca 24 saat canlı yayın yapan TV odası ve aynı zamanda belirli zamanlarda canlı yayın yapan Radyo odasına ulaşabilirsiniz.

Sviva Tova – İyi Çevre:

http://kabbalahgroup.info/internet/tr/

Bu sitede Bney Baruh dünya topluluğu ile ilgili günlük bildirimleri takip edebilirsiniz. Bu bildirimler sayesinde tüm etkinliklerimizden haberdar olup bu etkinliklere internet üzerinden dâhil olabilirsiniz.

Ari Film:

http://www.arifilms.tv/

Ari Film yapımcılarının Kabala İlmi hakkında gerçekleştirmiş oldukları tüm sinema ve video çalışmalarına bu site aracılığıyla ulaşabilirsiniz.

Kitap Sitemiz:

http://www.kabbalahbooks.info/

30 farklı dilde yayınlanmış tüm kitapları bu sitede inceleyebilirsiniz.

Müzik Sitemiz:

http://musicofkabbalah.com/

Her birimiz müziği farklı algılarız. İki kişinin aynı melodiyi nasıl algıladığını karşılaştırmak mümkün değildir. Kabala, ruhun ilmi, bu nedenden dolayı kişiye özeldir. Kabala ruhun tümüyle açılıp, yaratıldığı zaman içinde mevcut olan mutlak potansiyeline ulaşması için bir yoldur.

Bu sitede yer alan melodiler, çok büyük kabalistlerden biri olan Baal HaSulam ve geçmişteki Kabalistlerin yaptıkları bestelerin farklı değişimleriyle düzenlenmesinden oluşmuştur. Ziyaretçiler ayrıca müzik ve Kabala ile ilgili bazı materyallere bağlantı bulabilirler.

Sosyal Ağlar:

Tüm sosyal ağlarımızın kısa linklerine sitelerimize girerek ulaşabilirsiniz.

Katkı Sunun

Kabala İlmi bir grup çalışmasıdır. Dünya'nın birçok ülkesinde grupları bulunan Bney Baruh Kabala Eğitim Enstitüsü tüm faaliyetlerini öğrencilerinin gönüllü katkıları ile sürdürmektedir. Bu katkılar bireylerin niteliklerine göre değişmektedir. Sitemizde de incelediğiniz gibi Bney Baruh, prensipleri gereği, kullanılabilecek tüm Öğrenim Araçları ile Manevi Bilgi'yi öncesinde hiç bir ön koşul öne sürmeden tüm insanlığa ücretsiz olarak götürmeyi kendisine ilke edinmiştir.

Bu doğrultuda Manevi Dağıtıma katkı sunmak isteyenler **turkish@kabbalah.info** adresine yazarak Bney Baruh ile iletişime geçebilirler.

NOTLARIM

www.ingramcontent.com/pod-product-compliance
Lightning Source LLC
Chambersburg PA
CBHW071018080526
44587CB00015B/2422